草根神话 系列丛书

打开的天窗

安 健/编著

中国出版集团 现代出版社

图书在版编目(CIP)数据

打开的天窗 / 安健编著. —北京：现代出版社，2013.5（2021.8重印）
（草根神话）

ISBN 978-7-5143-1554-7

Ⅰ.①打… Ⅱ.①安… Ⅲ.①成功心理—通俗读物
Ⅳ.①B848.4-49

中国版本图书馆CIP数据核字(2013)第078797号

编　　著	安　健
责任编辑	刘春荣
出版发行	现代出版社
通讯地址	北京市安定门外安华里504号
邮政编码	100011
电　　话	010-64267325 64245264（传真）
网　　址	www.xdcbs.com
电子邮箱	xiandai@cnpitc.com.cn
印　　刷	北京兴星伟业印刷有限公司
开　　本	700mm×1000mm 1/16
印　　张	12
版　　次	2013年5月第1版　2021年8月第3次印刷
书　　号	ISBN 978-7-5143-1554-7
定　　价	32.00元

前 言
QIAN YAN

读小学时的一首诗至今仍然不时地回荡在记忆里，那就是白居易的《草》："离离原上草，一岁一枯荣。野火烧不尽，春风吹又生。"野草具有顽强的生命力，它是斩不尽锄不绝的，只要残存一点根须，来年就能重新发芽，很快蔓延原野。那草正是胜利的旗帜，烈火再猛，也无奈那深藏地底的根须，不管烈火怎样无情地焚烧，一旦春风化雨，又是遍地青青的野草，野草的生命力是多么的顽强！

野草因其平凡而具有顽强的生命力；野草是阳光、水和土壤共同创造的生命；野草看似散漫无羁，但却生生不息，绵绵不绝；野草永远不会长成参天大树，但野草却因植根于大地而获得永生。野草富有民众精神，它甚至于带着顽固的人性弱点。草根具有强大的凝聚力，更具有强大的生命力和独立性。草根代表着这样一群人：他们知道自己很优秀，眼界比别人宽，舞台比别人大，但是他们简单，低调，很热爱身边的每个人，不自大，很快乐地骄傲着。他们来自祖国各地，聪明程度毋庸置疑，但仅有聪明是不够的。尽管他们曾经踌躇满志，但前路是遥远而坎坷的。或者因洁身自好，或者因厌倦红尘，或者因能力不够，或者是命运的捉弄，最终并非每个人都会站在时代的巅峰，也并非每个人都愿意站在时代的巅峰。从他们身上，我们也看得出社会对我们的期许，这就足够了。

对大多数青年而言，上大学是成才和进步的最佳路径，但由于环境和个人因素的诸多制约，不少人的大学梦往往止步于虚幻的梦想阶段，他们对于拥有知识、成就自我的热望，也就此沉淀在琐屑的劳作里。高等教育在一定程度上制约了社会群体的流动，也可能让部分人丧失努力和奋斗的勇气。其实，草根才是主流，草根人物的辉煌人生才是真正的神话。草根人物对自己内心观察和发展前途的思考是什么？草根人物崛起之路的底蕴是什么？草根人物的发展方向和步骤是什么？本书从人生起伏视角发掘古今中外草根人物的困惑和崛起根源，探讨草根人物的创业思路和挣钱方法，求证草根人物成功的秘密所在。旨在通过草根人物的传奇人生，深刻地解读他们的成功细节，是一部真正意义上的草根人生百科全书。

本丛书以专业独特的视角，轻松幽默的笔触，为你还原一个个古今中外草根人物的别具一格的传奇人生，深度解读他们成功路上的呐喊、彷徨和成就，为你带来一种真正意义上的心灵震撼之旅。

尽管我们付出了诸多的辛苦，然而由于时间紧迫和编者的能力所限，书稿错讹之处在所难免，敬请各方面的专家学者和广大读者批评指正，我们将不胜感激！

编 者

2012年11月

目　录

第八章　IT少侠的江湖传奇

第九章　潜伏浑浊水底的鳄鱼之王

第十章　名导演的不朽传奇

开篇　草根的神话

草
根
的
含
义

"草根"直译自英文的grass roots。

有人认为它有两层含义：一是指同政府或决策者相对的势力，这层含义和意识形态联系紧密一些；二是指"草根阶层"，人们平常说到的一些民间组织，非政府组织等等一般都可以看作是"草根阶层"。

"草根"一词的来源

有学者把非政府组织(也称为非官方组织,即NGO)称作草根性人民组织;另一种含义是指同主流、精英文化或精英阶层相对应的弱势阶层。比如一些不太受到重视的民间、小市民的文化、习俗或活动等等。

从各种文章来看,实际应用中的"草根文化"的含义远比以上的解释来得丰富。至少"无权"还是草根的特征之一。

网络也应该是一种草根文化(grass-rooted culture),它所能表述的是一种非主流、非正统、非专业或曰爱好者,甚至纯然出自民间草泽的人所构成的群体,他们使之区别于正统的主流的声音,有其独立存在的理由和独特优势。

还有另一种解释为出自民众的人:草根英雄,草根明星。

"草根"的说法产生于19世纪美国寻金热流行期间,盛传有些山脉土壤表层、草根生长的地方就蕴藏黄金,即英文grass roots。

"草根"在网络和现实中的解释可以说很全面。每一篇都谈到了"草根"及其来源,英语、汉语的解释,也都承认最早是流行于美国,而后在20世纪80年代传入中国,又被赋予了更深的含义,在各领域都有其对应的词语。正如"Do News"(IT新媒体资讯平台)的创建者刘韧在其博客《草根的感激》中说的一样:"草根是相对的。"

有一种说法叫"合群之草,才有力量"。这句话有两种解释:

第一就是不要孤芳自赏,要主动合作。

第二是人多力量大,团队合作的重要性,一棵草是永远也长不成参天大树的。

"草根"人物及其性格特点

近年来文化研究,学人多有引用"草根"一说者。野草因其平凡而具有顽强的生命力;野草是阳光、水和土壤共同创造的生命;野草看似散漫无羁,但却生生不息、绵绵不绝;野草永远不会长成参天大树,但野草却因植根于大地而获得永生。

野草富有民众精神,它甚至带着顽固的人性弱点,草根性具有强大的凝聚力,更具有强大的生命力和独立性。

"草根"人物主要有以下两个特点:第一,顽强。应该是代表一种"野火烧不尽,春风吹又生"的生命力;第二,广泛。遍布每一个角落。所以,每一个在自己键盘上坚持更新的Blogger(写博客的人,亦称博主)都是草根。

草根代表着这样一群人

他们知道自己很优秀,眼界比别人宽,舞台比别人大。但是他们简单,低调,很热爱身边的每个人,不自大,很快乐地骄傲着。

在我们身边有这样一群人:他们知道自己很优秀,眼界比别人宽,舞台比别人大。但是他们简单,低调,很热爱身边的每个人,不自大,

很快乐地骄傲着。

人们都喜欢艺术家,那种提法怎么说呢,对人民艺术家来说,这个帽子足够大吧。

但是现在的娱乐界,尽管人人都喜欢被称为艺术家,但有些明星只能叫娱乐人,却不能叫艺术家。

身为尽人皆知的草根英雄,赵本山无疑是位值得尊敬的艺术家。20世纪80年代,赵本山与潘长江在沈阳北市大戏院演出《大观灯》,一演就是上百场,创造了演出奇迹。

如今已经成腕的赵本山在演出时还是一丝不苟。在很多人的眼里,赵本山跻身艺术家的理由显然充足,通过东北二人转这个东北三省人民的娱乐方式和精神母体发扬光大,同时将中国小品玩味到极致。

其实,英雄莫问出处,赵本山更值得人尊敬的在于当草根成了英雄后,自身仍保持着草根情结,在事业做得游刃有余之时,反手对东北二人转来记"化骨绵掌",揭开拥有近300年历史的二人转的那块羞答答的红盖头。

从东北二人转到赵氏小品再到影视剧,赵本山用一记装疯卖乐、假痴不癫大法,将东北语言和民间元素表现得淋漓尽致。

放眼时下娱乐界,能做到像赵本山这般对人性和社会现象予以自嘲的同时,对娱乐界进行解构和推进的,有几人呢?毫无疑问,与假痴不癫相比,装疯卖乐更是一种人生大境界,没有几个人真正能够做到。

还有最受欢迎的草根歌手李宇春,她成功的一大标志是拥有着众多的"玉

米"和人气。当她登上美国《时代》周刊封面有人撰文说:"李宇春登上《时代》周刊封面,中国呼唤平民英雄。"

其实,2005年"超级女声"的火爆,和境内外媒体的煽风点火不无关联。国内的主要报刊在6月份迅速跟进"超女"选题,有相当大一部分都是受到《今日美国》和《巴尔的摩太阳报》两份报纸的影响。

毕竟,在某种意义上,中国的影像工业造星乏术。尽管有若干影星占据银幕,也有少数摇滚歌手可以炒热体育场,但鲜有电视荧屏上的面孔能够真正出位,而这也正解释了为什么一个名叫李宇春的21岁四川女生会成为中国最受欢迎的流行歌手。

李宇春在湖南卫视那档类似"美国偶像"的歌唱比赛中胜出,并赢得了她独一无二的称号:"蒙牛酸酸乳超级女声"——这个节目吸引到了中国电视史上最大的观众群。

实际上,李宇春现象早已超越了她的歌声。李宇春所拥有的是态度、创意和颠覆了中国传统审美的中性风格。但是,李宇春确实拥有更多含义:她代表了张扬的个性,这就是她成为全国偶像的原因。

换言之,李宇春的个性特质是:其中性化的特点,在这个泛娱乐时代恰到好处地迎合了中性时代的到来。而李宇春其人的成功之处也在于,拥有自身的机遇,加之自身确实拥有一定的实力和努力,从而赶上了一个疯狂的娱乐时代。

李宇春本人亦是借"超女"包装出来的,借"超女"疯出来的,借一帮娱乐粉丝抬出来的。

正如同传统媒体和经纪公

司捧出明星一样,网络媒体自被广泛认可以来,也不断地捧出一个个网络名人,网民是一个特殊的群体。70后的人群在2000年前后,是网络的主力军,他们中的很多人都很有才华,也颇具个性。因而,网络吹捧出了大量的网络写手。

比如,2010年5月腾讯微博入驻过一位刚大学毕业的大学生,他用自己的亲身经历写出被新媒体、各大纸媒誉为中国首部最为经典的微小说《eilikochen京都生活记》,也被称为微小说创始人,他就是陈鹏。

年轻的他成为北漂的代表,腾讯微博粉丝数万,开创了文学史上新的篇章。

《eilikochen京都生活记》是中国首部及时纪实性连载微小说,作者陈鹏先生从2010年5月开始在腾讯微博实时在线写作,随时接受网友的互动参与,陈鹏自己的故事或身边的见闻趣事随时有可能被作者写进微小说里,因此受到网友的热捧。

但人们追捧这部微小说,不仅仅因为它是国内外线上发表的第一部微小说,更因为这部小说道出了现代人心中对现实生活、对各类情感的困惑与迷惘。

《eilikochen京都生活记》已在腾讯微博独家网络在线发布,至今仍在连载已更新发表一百四十回。

草根族

在论坛和博客中,开展评论非常自由,工资低可以呼吁,房价上涨可以发发牢骚,出租车提价可以评论,特别是在论坛上彼此互动,你一言我一语甚至争得不可开交。大家觉得很爽快。

"草根族"的评论有许多并没有石沉大海。

2003年,新华社首次披露中央高层领导对网络的重视看来"草根族"的评论并非人微言轻,"香草根"的"舆论场"作用,日益受到中南海高层的重视和肯定。

> ### 草根族
>
> 时下"草根族"这个称呼很盛行,据说"草根族"这个称呼最早来源于法国资产阶级大革命时期,是对社会底层的百姓的一种称呼。
>
> 现在其所指也是社会最下层——平民老百姓的意思。互联网的论坛和博客为"草根族"搭建了一个自由言论的平台,他们可以畅所欲言的谈天下、谈社会、谈热点、谈对一些政策的看法。

然而"草根族"中也有"毒草根"。个别网民编造的谣言之所以具有强大的杀伤力,当然与网络的传播特性有关。通过转帖、邮件、即时聊天工具发送等方式,一个查无实据的谣言很快就能覆盖数量广泛的人群,进而在社会上造成严重的影响。

看来"草根族"中也有良莠之分,"草根族"在网络中应大力提倡自律,遵纪守法,自觉做促进社会主义文明的网民,共同创建健康的、积极向上的、文明的网络环境。

草根文化

"草根文化"是伴随着改革开放思想的解放、意识观念的革命、科技进步、市场经济发展、创新2.0的逐步展现引发的创新形态、社会形态变革及

其带来的社会大众道德观念、爱好趣味、价值审美等变化出现的文化多样化的发展趋势,在民间产生的大众平民文化现象。

后来"草根"一说引入社会学领域,"草根"就被赋予了"基层民众"的内涵。

社会学家、民俗学家艾君在"改革开放30周年解读"中认为,每一次思想的解放、社会变革和科教的进步,都会派生和衍生出一些特殊的文化现象。

它的出现体现出改革开放后文化的多样性特点,也可以从一定意义上反映出以阳春白雪占主流的雅文化的格局已经在承受着社会文化中的"副文化、亚文化"的冲击。

这种特殊的文化现象其实是社会民众的一种诉求表达,折射出社会民众的一种生活和消费需求,以及存在的心理需求。

它具有平民文化的特质,属于一种没有特定规律和标准可循的社会文化现象,是一种动态的、可变的文化现象。科学技术发展引发了创新形态、社会形态的变革,创新2.0也正在成为知识社会条件下的典型创新形态并影响社会的草根化进程。

Web2.0是创新2.0在互联网领域的典型体现,而Blog则无疑是Web2.0的典型代表。

作为管制而没有充分发展,博客提供给普通大众和媒体精英以及潜在媒体精英同样的发挥机会和展示的舞台。

既然媒体精英进入博客写作市场,那么在充分竞争之后,中国博客发展一定和美国的Blog反专业主义、反精英主义发展完全相反,所以中国的博客之后的发展,一定是继续精英化,而不是像在美国祖先一样草根化。

其实不用再多说什么了,那些指望通过BSP(博客服务托管商)的首页,给自己的blog带来流量的草根们,恐怕只好先把自己弄成精英再说了。

看看新浪推荐的优秀Blog,余华、张海迪、潘石屹、徐小平真是够精英的。如果幸运,说不定你可以在左下角"最新更新Blog"那里露一下脸。

不否认精英的影响力,实际上新浪正是在利用他们的这种影响力,来吸引草根们到它的网站上开blog,这会很有效果。

但互联网正在把影响力赋予那些以前不具有影响力的人,blog圈是条长长的尾巴,而每个blogger都是这个尾巴上的那么一点。这就是《纽约时报》所说的,"Every one is famous for 15 people"(每个人都可以在15个人中大名鼎鼎)。这15个人,可能包括你的恋人、朋友、同事,你对他们的影响力,可能远远超过那些精英们对他们的影响力。

比如,我告诉你应该看超女,你可能不会看,但你的女友告诉你应该看超女,你就真的看了。

回到前面说的媒体管制,实际上所有的管制都是一部分人对另一部分人的管制,一部分精英对另一部分精英话语权的剥夺。所以很多话只能在自己的Blog上说。

不过有的人不认为写Blog的人会是精英,只不过他的Blog的读者略多于其他Blog而已,但不会像《读者》那样拥有几百万读者。

从媒体的角度看Blog,它的读者总数正在快速增加。尽管每一个单独的Blog都很小众,但它们的读者再少,也一定会有最忠

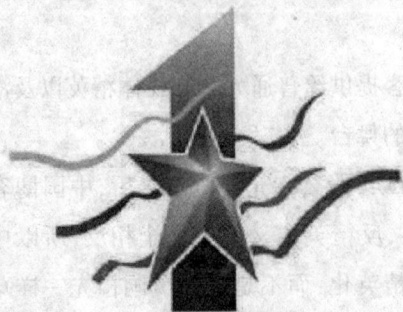

The First Grass Roots Festival
草根文化艺术节

实的。

整个Blog圈的读者绝对是个可以跟任何媒体相抗衡的数字，这就是长尾的威力。管制几个精英很容易，但管制几百万Blogger很难。

中国的Blog圈不可能走向精英媒体的道路，因为再微弱的声音也有发出来的欲望和可能。门户网站用精英做招牌，目的还是吸引大量的草根。Blog让草根不再只是充当衬托精英的背景，至少在15个人中，每个Blogger都是一个主角。

"草根文化"的现实意义

健康向上的"草根文化"会形成对主流文化的重要补充，但愚昧落后的"草根文化"无可否认也会对传统意义上的主流文化带来辐射、腐蚀和冲击。

改革开放三十多年来，"草根文化"的风起云涌，从一定意义看，丰富了人们的文化生活，补充了人们的精神需求，体现了文艺的"百花齐放，百家争鸣"，对主流文化进行了辅助和补充，使文艺体现出了真正的"雅俗共赏"之特点。但实际上对一些主流文化的普及和弘扬也是一种挑战。

任何的文化不能脱离了其社会价值和对社会发展所具有的责任，不能脱离了文艺的"二为"方向，"草根文化"因为其来自民间、来自生活，这些文化难免有的带有一定的糟粕和腐蚀性。

对待"草根文化"我们应该在"科学发展观"的指导下，剔除一些糟粕，尤其应该剔除那些对我国优秀的传统文化造成颠覆性的破坏较大的"草根文化"，倡导和发展那些群众所喜闻乐见又对社会发展有进

博客的分类

按照博客主人的知名度、博客文章受欢迎的程度，可以将博客分为名人博客、一般博客、热门博客等；按照博客内容的来源、知识版权，还可以将博客分为原创博客、非商业用途的转载性质的博客以及二者兼而有之的博客。

步意义的"草根文化"。

　　总而言之,对待日趋泛滥的"草根文化"现象,我们应该以"三个代表"重要思想为指针,以"科学发展观"为指导,采取"批判吸收的鉴赏态度",认真领会认识"继承和发展的关系""扬和弃的关系""批判和吸收的关系",继承和发扬"草根文化"中那些有益的精神文化内容,批判和剔除那些对人的修养、道德建设以及对社会发展、人类进步有腐蚀作用的"劣质内容",让"草根文化"真正成为主流文化的重要补充,成为构建和谐社会、实现全民小康的一种社会动力和精神财富,成为一笔宝贵的文化遗产。

第一章　铁肩担道义　辣手著文章

人物传奇

　　他已成为中国百年新闻史上最光彩夺目的名字。他用他的鲜血染红了言论、新闻、出版自由的理想。中国新闻界赞誉记者专业精神的名言："铁肩担道义，妙手出文章"，说的就是邵飘萍。他是我国民主革命时期杰出的文化战士、著名新闻工作者和新闻教育开拓者。他以报纸和通讯社为阵地，宣传真理，抨击邪恶，锐意改革，为新闻事业贡献了毕生精力。后人誉之为"乱世飘萍"、"一代报人"、"铁肩辣手，快笔如刀"等等。更有"飘萍一支笔，抵过千万军"的高度评价。

第一节　人物解读

个人简介

　　邵飘萍(1886-1926)，原名新成，又名镜清，后改为振青，字飘萍，清光绪十二年九月十四日(1886年10月11日)出生于浙江东阳。烈士，因直言敢谏开罪直奉军阀，于1926年被当时的北洋政府奉系军阀张作霖杀害于北京天桥。原北京平民大学和国立法政大学教授及原务本女子大学校长。五四运动实际发起人，著名新闻工作者，是中国新闻理论的开拓者、奠基人。

人物生平

父亲邵桂林是清末秀才，在家乡办私塾，一生耿直刚正，道德高尚，为乡人器重，但他却受到当地土豪的嫉恨，在家乡难以容身，只好在1883年腊月居家搬迁金华，飘萍就诞生在这里。

飘萍很小能背诵《史记》全文，打下良好的文学功底。13岁时考中秀才，16岁受戊戌变法的影响，考入杭州浙江高等学堂（浙江大学前身），攻读光、声、化、电等自然科学。19岁毕业回到金华，在金华中学堂，长山书院等三所中学任教。

飘萍是孙中山民主革命的积极支持者。在《临时约法》的颁布下，投身于"新闻救国"的事业。于1912年在杭州与辛亥革命时期著名报人杭辛斋合作创办《汉民日报》，后因报上直斥袁世凯为"袁贼"，《汉民日报》被查封，飘萍逃亡日本。1915年初日本和袁世凯提出灭亡中国的二十条，飘萍立即驰报国内，成为讨袁斗争的第一人。

1915年年底，飘萍返回上海以"阿平"为笔名发表反袁言论，后担任该报驻京特派记者。1916年7月，在北京创办了"北京新闻编译社"，1918年在北京创办《京报》，任社长，开始独立办报生涯。后又与蔡元培一起，创办了"北京大学新闻学研究会"，并举办讲习会，第一期学习的就有毛泽东、罗章龙等。五四运动前后，飘萍动用《京报》的舆论导向，组织推动运动的蓬勃发展。潜心研究俄国"十月革命"和马克思主义，撰写了《新俄国之研究》与《综合研究各国社会思潮》。

1920年后，致力于新闻教育事业并赞颂十月革命，介绍马克思主义思想。1922年在《北京厂甸春节会调查与研究》序言中提出："欲改

"三·一八"惨案

1926年3月12日，冯玉祥的国民军与奉系军阀作战期间，日本军舰掩护奉军军舰驶进天津大沽口，炮击国民军，死伤十余名。日本联合英美等八国于16日向段祺瑞政府发出最后通牒，要求撤除大沽口国防设施的无理要求。3月18日，北京群众五千余人，由李大钊主持，在天安门集会抗议，要求拒绝八国通牒。段祺瑞竟下令开枪，当场打死四十七人，伤二百余人。

造现实之社会,宜先明现实社会中事物之真象"等进步主张。1925年,在李大钊和罗章龙介绍下,他秘密地加入了中国共产党,对共产主义运动作了大量的报道。1926年北京发生"三·一八"惨案,飘萍在《京报》发表声讨,被张作霖下毒手杀害。飘萍一生疾恶如仇与黑暗统治作殊死斗争。1928年北京新闻界为他补开了追悼会。1949年4月毛主席亲自批示追认邵飘萍为革命烈士,1986年邵飘萍诞辰100周年,殉难60周年之际,新闻界领导、省、市党政领导在金华婺州公园为邵飘萍铜像揭幕。

邵飘萍被人称为"新闻全才"。北京大官本讨厌见记者,邵飘萍却能使之不得不见,见且不得不谈,旁敲侧击,数语已得要领。如他夜探总理府,虚访美使馆,独家新闻总是被他抢到。邵飘萍风流倜傥,慷慨豪爽,善于言辞,广泛交游,上至总统、总理,下至仆役百姓,他都靠得拢,谈得来。他重交情,讲排场,经常在酒楼饭馆宴请宾客,以期从客人的谈话中捕捉信息。

第二节 飘萍一支笔,能抵十万军

新闻全才

邵飘萍从小接受了"子曰诗云"的中国传统教育,显露出过人的才气,13岁的时候考中了秀才。随后来到浙江高等学堂师范科,也就是今天的浙江大学就读,接受了西方科学、政治文化的教育,受到了新思想的启蒙。由于晚清动荡的局势,使邵飘萍热衷于了解时事,如饥似渴地阅读了各种报纸。其中,梁启超的文章深深地吸引了邵飘萍和他的同学们。

从小接受八股文写作的邵飘萍对梁启超恣意奔放的文体以及点评时事的勇气敬佩不已，还刻意模仿梁启超的文体进行写作。当时报纸上经常讨论救国之道，热血的知识分子各抒己见，主张"科学救国"、"实业救国"或者"教育救国"，希望通过向西方学习先进的科学技术，用现代文明拯救中国。

在这种思想的影响下，邵飘萍萌发了"新闻救国"的思想，立志献身新闻事业，依靠报纸舆论，干预政局，改变祖国悲惨的命运。于是，"新闻救国"也成为他一生追求的理想。

邵飘萍的一生既做过记者，又做过新闻讲师，还自己办过报，自己办过通讯社，在每个岗位上都有着突出的成就。

记者之路

邵飘萍从1912年去《汉民日报》供职，到1926年4月26日被杀害，从事记者工作共15年。

初到《汉民日报》不久，邵飘萍就开始大力宣传孙中山的主张，揭露贪官污吏的丑行，抨击封建军阀的暴政，与杭州的权贵结下了深仇大恨。为了扼杀舆论，他们多次企图加害于邵飘萍，但是邵飘萍却以"报馆可封，记者之笔不可封也。主笔可杀，舆论之力不可杀"的大无畏精神，仗义执言，写下了"呜呼！内务部。呜呼！内腐部！"这样的言论以及大量的新闻和评论。

1913年，宋教仁在上海火车站被刺客暗杀，邵飘萍有预见性地指出："有行凶者，有主使者，更有主使者中之主使者"，矛头直指袁世凯。当局立即以"扰害治安罪"查封了《汉民日报》，并逮捕了邵飘萍。邵飘萍自己回忆

起这段经历时这么说,"忽忽三载,日与浙江贪官污吏处于反对之地位,被捕三次,下狱九月"。

邵飘萍出狱后不得不到日本避难,一边在法政大学学习法律和政治,还一边组织了"东京新闻社",为国内报纸供稿。

1915年,邵飘萍在反袁声浪高涨的局势下返回上海,同时为《申报》等三家报纸执笔。黄远生遭到暗杀也正是在1915年,所以,当时,许多新闻记者因此而不敢谈论当时的时政,但是邵飘萍却锋芒不减,他用"阿平"作笔名,在上海方言中,"阿"有疑问的意思,"阿平"也就含有"平不平?"的意思。邵飘萍就用这个带着怒气质问的词,来讥讽和揭露袁世凯的罪行,而且不露痕迹,让袁世凯无可奈何。

袁世凯死后,邵飘萍被聘为《申报》驻北京特派记者。受聘《申报》期间,他每日发电两三千字,间日写"北京特别通讯"。由于这些报道大多揭露北洋政府的黑暗与丑闻,一时风靡全国。正如我们上面所说的,他在当时最有影响的《申报》做过特派记者。他的名字"邵飘萍"就是作为笔名而在那个时候誉满全国舆论界的。

自办通讯社

在被《申报》聘为驻京特派记者的时候,邵飘萍愤慨于外国通讯社任意左右中国舆论,于1916年7月,首创了"北京新闻编译社",自编本国新闻,翻译重要外电,每天19时左右准时发稿。对此,戈公振在《中国报学史》中给予了极高的评价:"我国人自办通讯社,起源于北京,即民

国五年七月（应为八月），邵振清所创立之新闻编译社是也"。

独立办报

在北京的两年中，邵飘萍看到，当时北京的报纸几乎都被各个政治集团操纵，在背后很少无政治关系的。报纸不尊重事实，而是以一党一派的私利和津贴为向背，朝秦暮楚、捕风捉影的现象并不少见。这样的状况让邵飘萍深感要有自己独立的报纸，不依附于任何权势集团，独立地发言、独立地报道，把真实情况告诉民众的重要性，于是决定自己出资办一份报纸。1918年10月5日，邵飘萍辞去《申报》的职务，创办了《京报》。《京报》创刊时，邵飘萍特意写了四个大字"铁肩辣手"挂在编辑室正面的墙上，以自勉和激励同事。"铁肩辣手"取自明朝杨椒山的著名诗句"铁肩担道义，妙手著文章"。邵飘萍将"妙手"改为"辣手"，一字之改，反映了邵飘萍胸怀真理、不畏强暴的倔强性格和办报宗旨。《京报》是邵飘萍自己投资创办的，无党无派，不受军阀操纵，主张言论自由，成为民众发表意见的媒介，很快就受到广大读者的喜爱。《京报》以新闻为主，以"探求事实不欺阅者"为第一信条，凡事必力求实际真相。邵飘萍既是社长，又要搞经营管理，同时继续他的记者生涯，坚持采访。

1919年因发动和宣传"五四"运动，《京报》被查封，邵飘萍再次流亡日本。时隔一年，段祺瑞政府垮台，邵飘萍返回北京复活《京报》。复刊后的《京报》一如既往，不改初衷，尤其是对北洋政府丧权辱国，大小官员贪残横暴的揭露更是不遗余力。1925年底，邵飘萍利用《京报》的一个特刊，历数了张作霖的恶迹，张作霖随即拿出30万元贿赂邵飘萍，希望《京报》能够替他说话。没想到邵飘萍立即将款退回，

五四运动

1919年5月4日在北京爆发的中国人民彻底反对帝国主义、封建主义的爱国运动。是中国旧民主主义革命的结束和新民主主义革命的升端。是中国革命史上划时代的事件，是中国旧民主主义革命到新民主主义革命的转折点。促进了马克思主义在中国的传播及其与工人运动相结合，从而在思想上和干部上为中国共产党的建立准备了条件。

并一如既往地揭露"大帅"。据邵
飘萍的夫人汤修慧女士回忆,收
到钱后,他曾对家人说:"张作霖
出30万元买我,这种钱我不要,枪
毙我也不要!"这种软硬不吃、义
无反顾的勇气让张作霖十分恼
火,他发誓,打进北京城要活捉邵
飘萍。1926年4月18日,张作霖悬

《京报》简介

　　最初是清朝在北京出版的半官方性质的中文期刊,也称"邸报"。由官方特许经营的报房投递。民国初年影响巨大的《京报》则由邵飘萍创刊于1918年10月5日。1926年4月,《京报》揭露事件真相惹怒了当权军阀,招致邵飘萍被杀害而停刊。1929年,在邵飘萍夫人汤修慧女士的主持下,《京报》得以复刊,并一直坚持到"七七事变"后而正式停刊。

赏捕杀邵飘萍的密令到了北京。邵飘萍在家人的劝说下,不得已躲到了东
交民巷六国饭店。4月22日,他在《京报》上发表了最后一篇文章《飘萍启
事》,这篇文章简短明了(422字),笑逐颜开,可以看作是他对这个世界的
最后告白。

　　鄙人至现在止,尚无党籍(将来不敢予定),既非国民党,更非共产党。
各方师友,知之甚悉,无待声明。时至今日,凡有怨仇,动辄以赤化布党诬
陷,认为报复之唯一时机。甚至有捏造团体名义,邮寄传单,对鄙人横加攻
击者。究竟此类机关何在?主持何人?会员几许?恐彼等自思亦将哑然失
笑也。但鄙人自省,实有罪焉,今亦不妨布之于社会。鄙人之罪,一不该反
对段祺瑞及其党羽之恋栈无耻;二不该主张法律追
究段、贾等之惨杀多数民众(被屠杀者大多数为无
辜学生,段命令已自承认);三不该希望取消不平等
条约;四不该人云亦云承认国民第一军纪律之不错
(鄙人从未参与任何一派之机密,所以赞成国民军
者,只在纪律一点,即枪毙亦不否认,故该军退去以
后尚发表一篇欢送之文);五不该说章士钊自己嫖
赌,不配言整顿学风(鄙人若为教育总长亦不配言
整顿学风)。有此数罪,私仇公敌,早伺在旁,今即机

会到来,则被诬为赤化布党,岂不宜哉!横逆之来源,亦可以了然而不待查考矣。承各界友人以传单见告,特此答陈,借博一粲。

4月24日,邵飘萍被一名叫"张瀚举"的人出卖而被捕,于1926年4月26日凌晨秘密执行枪决,刑场上,邵飘萍表现得非常从容和镇定,传说当时他对现场进行监督的官兵说了句:"诸位免送。"然后就仰天大笑,从容就义。邵飘萍时年40岁,一个著名记者的生命走到了尽头。

邵飘萍的《京报》可谓影响深远。不知道大家听说过北京的《新京报》没有,这是我国当今比较有影响的报纸之一。这份报纸办得很有特色,也很有文化,有自己的见解,有独立的判断,这张报纸从某种意义上就是对邵飘萍所办的《京报》的继承。在这家报纸的发刊词中这样写道:"对国家和人民利益的看护,对理性的呼唤,对权力的制衡,对本真的逼近,对美好的追求,对公义的捍卫,对丑恶的鞭挞——这是媒体的普世价值和终极价值,历史上的京报如此,新京报也理应如此。"

新闻教育与新闻研究

在北京创办《京报》的同时,1918年,邵飘萍与北京大学校长蔡元培及教授徐宝璜一起创立了"北京大学新闻学研究会",揭开了我国新闻学教育和研究的序幕。他作为新闻学会的导师,带出了一批优秀的学生,包括毛泽东、邓仲夏。1936年的夏天,在陕北保安的窑洞里,接着摇曳的烛光,毛泽东向美国著名记者埃德加·斯诺讲述自己成长的历史时说:"特别是邵飘萍,对我帮助很大,他是新闻学会的讲师,是一个自由主义者,

一个具有热情理想和优秀品质的人。"毛泽东作为新闻学会的会员,除听课外还多次去邵飘萍家拜访,聆听老师的教诲。毛泽东曾说,"我所愿做的工作,一是教书,一是新闻记者。"(《中国名记者传略与名篇赏析》)邵飘萍还为后世

最早的记者

在中国早期的新闻机构中,编辑和记者没有严格的分工,编辑、采访合一。1872年,《申报》创刊后开始设立访员,专门采访本地新闻。之后,《申报》在北京、南京、杭州、武昌、宁波、扬州等26个城市聘有"报事人"或"访员"。1899年《清议报》第7期上出现"记者"一词。

留下了两本新闻学的开山著作:《实际应用新闻学》和《新闻学总论》。

其中,《实际应用新闻学》主要整理了他的新闻学教学讲义的内容,以他自己的采访实践经历为主要内容,融合了一些他去欧美日本考察后的认识,是对新闻采访和写作,记者修养等新闻实践进行理论的概括。这本书立足于实际应用,力求指导记者进行实际采访。《新闻学总论》则论述了报业的性质、任务、新闻学的基本概念、新闻法制观点等内容,还简要地介绍了我国新闻事业发展的历史。如果能够找到这些书,希望大家都能够认真地去读一读,因为这是一个名记者用自己毕生的经验而写成的,而且应

该说,这些书迄今为止都很有指导意义。

这就是邵飘萍的一生,始终在记者的岗位上秉笔直书,不畏强暴,"铁肩辣手"中所包含的铁骨铮铮、辛辣无情的意义,成为邵飘萍的写照。邵飘萍的命运也成为那个时代几乎所有像他一样能够如实报道新闻的记者的共同命运。

邵飘萍的采访技巧

邵飘萍做记者15年,最拿手的就是他的采访功夫;他之所以多次被捕入狱,是由于他常常能够挖到独家新闻,爆出常人不知但又想知道的政界秘闻,这也来源于他过人的采访功夫。正如他在自己的《实际应用新闻学》一书中所指出的那样,"在报纸的所有业务中,以采访为重要……因为一张报纸的最重要原料厥为新闻,而新闻之取得乃在采访。"所以,他也把毕生的精力都放在新闻采访上,他在自己的著作中总结了许多采访技巧,这些技巧成为后人模仿学习的范本,而且,不仅仅是采访当中使用的技巧,有些甚至成为我们为人处事的原则。因此,对于从事新闻工作或者是将要从事新闻工作的人来说,这些技巧非常实用。我们从邵飘萍一些出色的采访中整理出一些能够被我们借鉴的技巧,并且总结成三点,每一点我们都用邵飘萍当时的采访实例来给大家进行讲解,把当时事件的发生、采访的过程以及最后的报道都展现出来。

采访由来

媒体信息的采集和收集方式,通常通过记者和被获取信息的对象面对面交流。新闻机构中从事采访报道的专业人员称为记者。16世纪,意大利港口城市威尼斯出现了资本主义萌芽。那里的商人和手工业者急需了解商品原料产地、销售市场以及有关交通、政治、军事等情况,于是有些人就以采集和出售政治和宗教消息、商业行情、航船行期等新闻为专门职业,成为早期的新闻记者。

巧做戏

我们知道,你去采访别人的时候,遇到的第一个难题可能就是遭到拒绝。被采访的对象往往因为没时间或者对你存在戒备之心而不愿意接受你的采访,或者是由于你所要了解的事情和他有利害冲突

时他也不愿意接受采访。这个时候怎么办呢？邵飘萍有一套自己的方法。这种方法叫作"做戏"。这是什么意思呢？我们从字面意思上也可以看出来，所谓"做戏"，实际上就是表演，就像是在戏剧中扮演一种角色似的，要用这种表演出来的角色打动人，促使采访顺利进行。

邵飘萍在自己的《实际应用新闻学》中的"电话"一节中说：遇不肯接电话之官僚，如有特别必要时，亦可用非常之手段，而此非常手段中半面又有极正当之理由。非常手段者，即谓私宅中人请彼说话，或言某机关请彼说话是也……俟其接谈，则告以'我乃某某'，并告以'恐与新闻记者接坐中有人闻之不便，故不得已出此'……

1917年3月，引起国内震动的中德断绝外交关系的决定在正式公布以前，新闻界首先探知这一消息的就是邵飘萍。邵飘萍关于这次事件的采访，正是运用了虚虚实实的做戏的方式。

事件发生前的某一天，邵飘萍正在国务院某秘书的办公室办事，隔壁恰好是国务总理段祺瑞的办公重地。无意之中听到秘书打电话通知美国公使，说段祺瑞总理下午三点将要到美国使馆去访晤。电话立即触动了邵飘萍的神经，他马上联想到当时正值美国与德国断交，为了孤立德国并且取代德国在中国的地位，美国拉拢中国，希望两国采取一致行动。

段祺瑞这时会晤美国公使，无疑是与中德关系问题有关。邵飘萍这时候并没有急着去找段祺瑞和他的秘书，而是抢先来到了美国使馆，以一个事内人的身份向一参赞询问两国要人会见的目的和内容。邵飘萍一再表

《乱世飘萍——邵飘萍和他的时代》

这是目前为止，有关邵飘萍的传记中最有分量的一种。它以厚重的史料、独到的见解，引起不少业内人士和媒体的关注。这本书的出版，是对邵飘萍的致敬。

邵飘萍
新闻学论集

示自己不是局外人，只不过想通过使馆使消息得到证实。

在虚虚实实的采访中，邵飘萍又探听到美国政府对驻京使馆的有关训令。之后，他立即赶回国务院采访段祺瑞，同样向段表示自己是知情人，要了解中德断交的确切日期。邵飘萍的采访圆满结束，政界要人不知不觉就被邵飘萍钻了空子，提供了一条重要的内幕新闻。

还有一次，内阁讨论金佛郎案，所谓佛郎，就是法郎在当时的译名，庚子赔款中法国部分本来可以用纸币来赔偿，但是法国国内通货膨胀使纸币贬值，于是法国要求中国用黄金代替纸币，于是中国因此而多支付了8000万元。

在这次内阁讨论会中，是严禁记者列席的，但是邵飘萍不甘罢休，守候在会场门侧。法国公使进入会场时，邵飘萍立即尾随。使门卫以为是公使的随从，没有阻拦。第二天，关于金佛郎案的讨论内容便见诸于报纸，引起民众的激愤。

在这两次采访中，邵飘萍分别化装成知情人和随从，而得以获得信任，取得采访成功，这种方法就是我们刚才说的"做戏"。这种方式在现在看来，有点类似于暗访。这种方式相信大家并不陌生，我们经常会在电视上看到这种采访方式。

它常用于揭露黑幕的批评性报道中，比如某个地方贩卖盗版碟，记者就会化装成一个普通的消费者对他们的地下行径予以揭露。这种

方式使事件本身更接近真实。但是现在有不少对于暗访这种采访形式的质疑,有些人认为,暗访,以及随之而运用的偷拍、偷录等手段,让人有"鸡鸣狗盗"的嫌疑,新闻像是偷来的,而记者也更像是特务,采访就成为一种见不得人的活动。他们认为,这种方式使新闻获得的手段不够真实,因此也有损于新闻界的可信度。

1997年,《芝加哥太阳报》得到举报,说一些政府的巡检员勒索小旅店。为了查清真伪,报社训练了两名记者,装扮成一对从小镇出来的夫妇,在当地买了一家小旅店,取名"幻景"。装修过程中,他们的水管和配电方面留下了显而易见的纰漏。

半年时间里,两名乔装打扮的记者对付了一批批市政府和州政府的检查员,尽管旅店在消防、卫生、建筑等方面存在着违规、违章之处,但检查员们都忽略不计,因为他们接受了从10美元到100美元不等的贿赂。而这一切都被巧妙隐藏的摄影记者一一记录在案。

"幻景"旅店结束营业之后,《芝加哥太阳报》的揭露文章连载了4个星期,那些激动人心的戏剧化的报道和照片不仅使芝加哥为之震惊,也使全美行为不检的政府官员大为惊恐。几十个电气和建筑巡检员因索贿而遭到起诉。

但在普利策的评选中,这组报道先是入围,后来又被取消了评奖资格。当时在《圣彼得斯堡时报》任首席执行编辑的尤金·帕特森是1979和1982年普利策顾问委员会委员。他说,评委中出现了争论,许多人认为把奖项授予隐身采访的作品就等于支持这种报道的方式。"尤金说:"我不愿意看到有人鼓励其成为一种时髦趋势。"他认为:"如果报纸以编辑的身份要求政府坦白、公开,而自己又隐瞒真相或掩饰动机,新闻界作为一个整体就会在可信性方面付出代价。"《华盛顿邮报》的总编辑布莱德

> **邵飘萍坚定的信念**
>
> 1. 中国的进步,不能脱离报业的繁荣,不能没有记者的担当……
>
> 2. "品性乃记者精神上的要素",其"包含人格操守、侠义、勇敢、诚实、勤勉、忍耐,及种种新闻记者应守之道德"……

第一次世界大战

（简称"一战"，1914年8月—1918年11月）是一场主要发生在欧洲但波及到全世界的世界大战，当时世界上大多数国家都卷入了这场战争，是欧洲历史上破坏性最强的战争之一。战争过程主要是同盟国和协约国之间的战斗，中国于1917年8月14日对德、奥宣战。

里也是当年的评委之一，他认为："报纸获取新闻的手段不够诚实，又怎能为诚实和尊严奋斗！"

所以这种采访方式的使用是需要有限制的，邵飘萍对此提出过两条记者所应当遵循的原则：一是要有正当之理由——即在道德行为或目的上应是高尚的；二是事后一定要给当事人解释清楚原委。否则的话，将会授人以话柄，有作伪、说谎、假扮之嫌。由此可见，邵飘萍在使用这种方法的时候是非常小心谨慎的，由此我们也可以看出邵飘萍本人正直的个性。这只是一种迂回的技巧，而不是欺骗的手段。

准确把握心理

在与人交谈的过程中，不知道大家有没有这样的体会，对于不同的人我们需要寻找不同的话题，而同一个人在不同的心情状态下也需要有不同的谈话内容。如果这个人不喜欢篮球，那么你和他探讨NBA则很可能冷场；如果有人正在为某个事伤心，我们一定是要暂时避开谈论这件事的。这种技巧就是对被采访者心理的把握。

说到对被采访

者心理的把握和控制,应该算是邵飘萍新闻采写艺术中最大的一个亮点。邵飘萍非常善于捕捉被采访者的心理特征,顺应受访者的心理状态,达到使访问顺利进行的目的。

1915年第一次世界大战爆发后,中国政府起初还是举棋不定的,有人主张参战,也有人主张中立。公说公有理,婆说婆有理,闹得各执一词,莫衷一是。经过一段时间的酝酿,终于在国务会议上作出了决定,那就是:决定参加协约国(英、美、法方面),对同盟国(德、意、奥方面)宣战。不过这项决定,还须要保守秘密。因此中枢各重要机关全部挂出了"停止会客三天"的牌子,国务院当然不会例外。

可是大家都希望知道这个消息,街头巷尾,茶馆酒肆,三三两两交头接耳,都是在互相打听"咱们到底是参战还是中立"这个问题。然而谁也说不上来究竟怎么样。

这时邵飘萍却不仅见到了段祺瑞,而且获得了自己想要的新闻。他是怎么做的呢?邵飘萍先借了一辆挂着总统府牌子的汽车,坐上一直开进了

原名启瑞,字芝泉,晚号正道老人。皖系军阀首领,与冯国璋、王士珍合称"北洋三杰"。民国初年,北洋军阀集团把持政局,其中,段祺瑞曾六次主政。曾任直隶总督、北洋大臣、湖广总督等职位,经历"府院之争""张勋复辟""直皖战争""直奉战争""三·一八"惨案等事件。

国务院大门。在内传达室下了车,掏出了"京报社长"的名片,要求传达长给他回禀一下。传达长说:"您老不要难为我吧,这些日子不但段总理绝对不会客,就连他的秘书、侍从都不见客。"

这时邵飘萍掏出了1000块钱,数出了500元递给了传达长,说:"总理见不见没关系,只要您给回禀一声,这500元送给您买包茶叶喝。万一要是接见了我。那我再送给您500,您看怎么样?"传达长一想,给他碰一碰也没什么,不是白得500吗。于是这位传达长就拿着他的名片走进去了。

不多时,传达长笑吟吟地走出来了,高举着名片,嘴里大声说出一个"请"字来。邵飘萍听了这个"请"字喜出望外,便大摇大摆地随着传达长走进了总理的小客厅。

不是说三天内不见客吗?为什么段祺瑞竟接见了这位无孔不入的邵记者呢?这里面是有一个缘故的。段祺瑞当时心想拉拢舆论界为自己吹嘘,而他知道邵飘萍在当时是新闻界了不起的权威人士。

当他看到来客的名片是邵飘萍时,他虽然明知此来是采访关于参战与中立的新闻来的,可是若不对他谈这个问题只会会他又有什么关系呢?再说使他碰了壁,得罪了这位大记者,对自己多少是有些不利

的。因此他才叫传达长把邵记者请进来。

虽然段祺瑞绝口不谈和战问题,架不住邵飘萍再三再四的恳求,并且作出了"三天内如果北京城走漏了这项机密,愿受泄露国家秘密的处分,并以全家生命财产作担保"的保证。老段不得不谈了,要他先立保证书,他便即时抽出自来水笔把军令状当场立下了。

这时,段祺瑞才一五一十告诉了他。内容不过是中华民国决定参加协约国对同盟国宣战。细节也说了说,首先调动在法兰西的15万华工,协助协约国修筑工事等等。

邵飘萍得了这项消息,辞别了段祺瑞,又给了传达长500元,就坐着汽车开到电报局去了。他把这项消息用密码拍到上海新、申两报。上海报馆接到这重大新闻,立时就印行了几十万份"号外"在上海滩上喧嚷开了。

在当时津浦路还没有通车,报纸号外由上海到北京必须由轮船运,要走四天路。因之当上海的号外运到北京时,已经超过"三天内北京城里不得走漏消息"的约期了。老段知道了这件事,也是无可奈何的。

由此,我们可以看出,邵飘萍对于被采访对象的心理是把握得非常准的。仔细揣摩被采访者的心理,准确把握住他的心理变化,是采访获得成功的要素,同时也是我们日常交往过程中应当注意的。

广泛交友

我们知道,记者大多是活跃的社会活动家,他的交际圈很广泛,能够与不同阶层的人打交道。交际广泛,才会获得更多的新闻线索,也才能够采访到更多的人和事。邵飘萍就是这样一个左右逢源的人,他能

民国军阀

由袁世凯掌权后的"北洋新军"主要将领组成,袁死后无人具有足够能力统领整个北洋军队及政权,各领导人以省割据导致分裂,以军队为主要力量在各省建立势力范围。在名义上仍接受北京政府的支配。但北京政权实际上由不同时期的军阀所控制,故而在北洋军阀时期北京政府又有北洋军阀政府的称呼。

够在各派军阀中游刃有余，又能和普通民众打成一片，上至总统、总理，下至仆役、百姓，都愿意和他交朋友。

1918年，北京大学成立了一个新闻学研究会。在"五四"运动前那段时间里，邵飘萍每星期天上午都去主讲新闻学。当时在北大图书馆担任助理馆员的毛泽东同志，就是在那里与邵飘萍相识的。

邵飘萍与鲁迅先生也过从甚密。他们之间不仅是一般的文字之交，更可称为同一战壕的战友。他们一起创办了《京报副刊》、《莽原》等周刊，鲁迅许多著名的杂文和小说都是在这些报刊上发表的。特别是在1926年"三·一八"惨案发生后，他们同声怒斥横暴凶残的军阀政府。此后，二人同被军阀政府纳入缉捕的黑名单中。

与邵飘萍结为挚友的还有冯玉祥将军。冯玉祥曾这样形容邵飘萍的文字，他说：邵飘萍"主持《京报》握一枝毛锥，与拥有几十万枪支之军阀搏斗，卓绝奋勇，只知有真理，有是非，而不知其它，不屈于最凶残的军阀之刀剑枪炮，其大无畏之精神，安得不令全社会人士敬服！"于是"飘萍一枝笔，抵过十万军"的美名就由此而传出。

除结交一些社会名人之外，对处在社会下层的各等人物，贫寒之士，邵飘萍也从不嫌弃。梨园界的杨小楼、马连良、荀慧生、韩世昌等人，都是他家的座上客。

每逢新学期开学，常有一些青年学生因交不起学费而面临失学危险。飘萍知道后总是主动代他们交费。其中一些人还定期领取

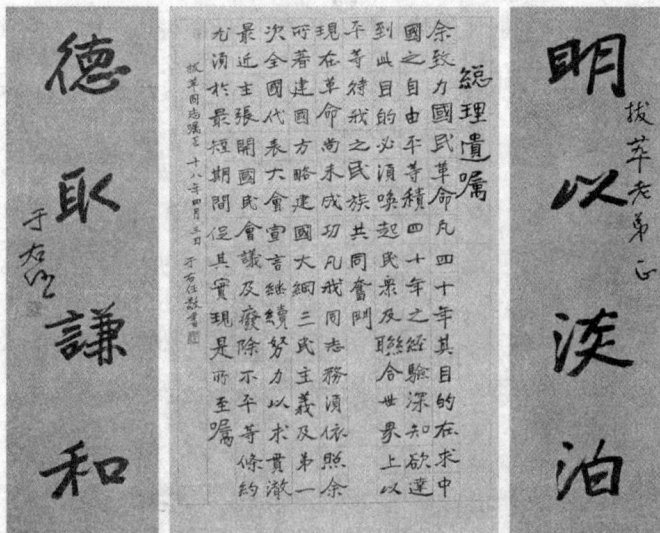

他给的补助。如到时未领,他则在《京报》上刊登启事催领。

对于被他经常痛骂的政界要人,邵飘萍也非常重视和他们的交情。他这个人出手大方,又讲排场,经常宴请一些官僚政客。边吃饭、边喝酒、边高谈阔

> **激进的思想**
>
> 一个真正具有自由意识的人,不会把自己围困在昨天的城堡里,他必定要寻找通往明天的道路。留守不会出错,这是明明白白的;但是我宁可赞美那些听从内心的指引——所谓时代的召唤到底要回到个人的内心——而勇于前行,并因此误入"歧途"的"过客"。

论,往往酒意正酣的时候,机密也就不经意地吐露出来了。一次,邵飘萍在北京饭店宴请全体内阁成员、府院秘书长。就在他们兴致勃勃、海阔天空的时候,邵飘萍却在隔壁房间安排了人,准备好电报纸,又让两辆自行车在门外等候,消息随写随发,宴会还没有终止,消息就已经到达上海。

邵飘萍就是凭着广泛的社会关系、凭着自己与各层人士多年的交情,挖到自己想要的新闻的。这主要源于邵飘萍认为新闻应该独立、无阶级性的观念,他说,在采访中,要既无敌友概念,也不以道德为交际标准,只看对方是否与新闻有关。但是,这样一种没有是非的交友标准很容易使人随波逐流。

我们从小学到的交友标准是"近朱者赤,近墨者黑",而邵飘萍却既近朱、又近墨,而且做到了四面为友,会不会让我们觉得这个人是个圆滑而没有原则性的人呢?

实际上,邵飘萍有自己的一套原则,虽然与各阶层的人都来往,但是他认为应该保持思想、品德的独立,使人人视为可亲,而又视为不可侵犯,他很懂得把握分寸。

据说邵飘萍这个人很奢侈,客厅摆设豪华得令人吃惊,香烟都是特制的,上面印着他的名字"振青",出入是小汽车,而且是赌场、青楼的常客。

因此,办报的收入无法应付他的支出,所以他也接受权贵的"馈赠",只不过他拿了人家的却并不手短,他只是把这些视为私交,而与报纸无

关，因此在报纸上仍然辛辣的揭露各种丑恶现象。

正如他自己在临死前的那篇文章中写的，他的一生既不是国民党，也不是共产党，连毛泽东都说他是一个彻底的自由主义者。始终保持独立的人格，是作为记者所应该坚持的最高贵的品格。

第三节　一个自由的灵魂

邵飘萍以最后蒙难完成了作为中国报界先驱者的形象，昭示了中国新闻自由的漫漫长路，也给后来者树起了一块鲜明的路标。生前，他对中国的办报环境是有充分认识的，曾经说，"欧美各国政府对言论界的压迫之政策皆已渐成过去"，惟中国报纸"一旦遇与政府中人个人利害有关之事，始倒行逆施，妄为法外之干涉。武人、官僚、议员、政客莫不皆然"；对于新闻，"无时不加严重之压迫"。

他提出为新闻立法，使之"不受行政机关非法之蹂躏"，但又深知，要使新闻自由获得保障，必须同时使社会获得自由。然而，自由并非恩赐得来，他认为，它的实现过程，是"言论界与政府当局恶战苦斗之历史，"所以他一生坚持把争取新闻自由同政治自由的斗争结合起来。在斗争中，他也有过于乐观、轻信的时候，评传没有为贤者讳，其中也写到鲁迅对他的批评等等。

最难得的是，他以"新闻界战斗的壮士"自诩，"尽自己之天职，平社会之不平"，屡仆屡起，直至死而后已。

作为报人——也可以看作是传媒的——不自由

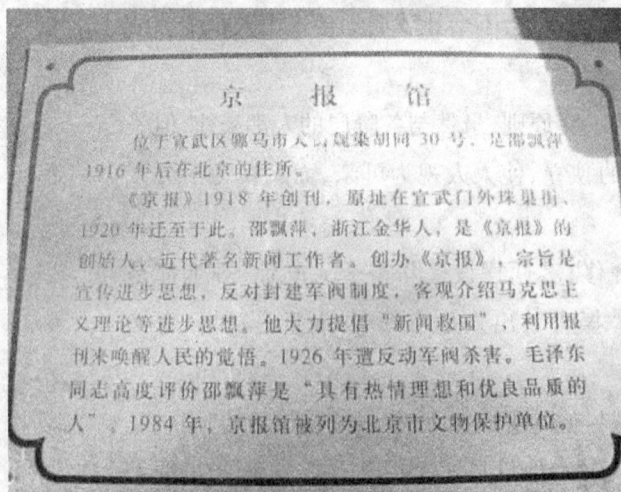

京　报　馆

位于宣武区骡马市大街魏染胡同30号，是邵飘萍1916年后在北京的住所。

《京报》1918年创刊，原址在宣武门外珠巢街，1920年迁至于此。邵飘萍，浙江金华人，是《京报》的创始人，近代著名新闻工作者。创办《京报》，宗旨是宣传进步思想，反对封建军阀制度，客观介绍马克思主义理论等进步思想。他大力提倡"新闻救国"，利用报刊来唤醒人民的觉悟。1926年遭反动军阀杀害。毛泽东同志高度评价邵飘萍是"具有热情理想和优良品质的人"。1984年，京报馆被列为北京市文物保护单位。

的境遇,从而愈加凸显一个自由的灵魂。我们说邵飘萍为"自由报人","自由"所指,首先不是具体的行为方式,自由作为一种环境条件而被利用的几率,而是主观的自由,是道德理想,是选择和支配了一切行动的始终一贯的精神。然而,在某种意义上说,正是自由精神把邵飘萍送上了祭坛。无论对于时代,还是对于个人,这都是莫大的不幸。

今天作纪念,即使时过境迁,我们仍然认为自己是一个"相关者",而视之为残酷的事。

第二章　传媒王国巨子——默多克

人物传奇

　　鲁伯特·默多克（Rupert Murdoch），美国著名的新闻和媒体经营者，出身于澳大利亚墨尔本以南30英里的一个农场，毕业于牛津大学。他目前是全球庞大传媒帝国新闻集团的主要股东，董事长兼行政总裁。以股票市值来计算，新闻集团已是世界上最大的跨国媒体集团，亦称为"默多克的传媒帝国"。

第一节　人物解读

个人简介

　　鲁伯特·默多克（Rupert Murdoch），1931年3月11日出生于澳大利亚的墨尔本。其父基思·默多克是澳大利亚先驱和新闻周刊的董事长。1952年其父去世后，鲁伯特继承了阿德莱德的小报《新闻报》，短短的三四十年间将其发展为跨越欧、美、亚、澳几大洲，涉足广播、影视、报业诸领域的传播媒介帝国。在他的麾下，既有久负盛名的英国《泰晤士报》，也有美国电影界的大腕级电影公司——20世纪福克斯公司。20世纪80年代初，

默多克的国际新闻集团的年营业额即已达到12亿澳元,他本人也成为新闻界屈指可数的人物之一。目前他的事业还正在不断发展之中。

在短短的20年内由小报老板发展成为国际报业大王,成长为现代报业巨头。不少奄奄一息的报纸到他手中就能起死回生,人称报业怪杰默多克。

默多克报业集团的投资极为广泛。除出版业外,从宣传媒介到电视台到石油钻探、牧羊业等都涉足。早在上世纪70年代,在国内已拥有悉尼电视第十台、墨尔本电视第十台和安塞航空公司50%的股权,并经营欢乐唱片公司和图书公司等。

在国外几年的发展更是突飞猛进。1983年首先在伦敦买下一家卫星电视公司的69%股权,接着在美国收购了好莱坞"20世纪福克斯公司"的一半股权。1985年又以15亿美元收购美国第四大电视集团"都城媒介公司"属下的纽约、洛杉矶、芝加哥、休斯敦、达拉斯和华盛顿六家地方电视台,从而以"默多克旋风"轰动了西方世界。1998年默多克欲以巨资收购英国曼联足球俱乐部,但被英国政府否决。

第二节　从小报持有人到世界传媒大亨

起步报业

默多克的父亲基思·默多克(KeithRupertMurdoch)爵士是一名战地记者,拥有澳大利亚4家报纸。

1952年,他父亲死于心脏病,正在英国牛津大学读书的默多克赶回家中处理后事。然而,清算后默多克发现父亲的几家报纸处于亏损状态,于

是他设法保留住了《星期日邮报》(SundayMail)和《新闻报》(TheNews)两份报纸,而将其他报纸出售。面对主要的竞争对手《广告报》,默多克果断与其合并,并且努力使《新闻报》开始盈利。同时他又筹措到足够款项,收购了位于帕斯市亏损的《星期日时报》(SundayTimes),通过调整人员,将阿德莱德一些记者和编辑调往帕斯使该报纸重获生机。

初战悉尼

悉尼的报业由三个家族把持着:较大的费尔法克斯、帕克家族,以及较小的诺顿家族。费尔法克斯经营着《太阳晚报》、《先驱早报》;帕克拥有《每日电讯报》和《星期日电讯报》;诺顿掌管着《镜报》和《星期日镜报》。由于经营不善,诺顿将《镜报》转让给费尔法斯特,费尔法斯特同样没能使其盈利,于是就以400万美元的价格出手给了默多克。

除此以外,默多克还获得了多家印刷厂。不久,默多克开始筹划创办澳大利亚第一家全国性报纸。1964年7月14日,《澳大利亚人报》正式发行。1967年发行量达到7.5万份。1972年他又收购了帕克的《每日新闻》和《星期天电讯》报。

进军伦敦

1968年秋,英国最大的星期日周报《世界新闻报》开始转手,这份报纸属卡尔家族,以发布黄色内容著称。

当年10月,默多克购买了该报40%的股份。在他看来,报纸地位下降的原因是教育水平的提高与电视的普及。他为了让该报重获新生,大量发布骇人听闻。半年之后,默多克将卡

默多克语录

1.很惭愧我很欣赏流行新闻学,我必须说我更热衷于这种新闻学。胜于你们叫作高品质新闻学的东西。

2.提高报纸发行量很简单,那就是降低格调。

3.如果报纸办得很差,那就换总编;如果报纸办得很好,也要换总编。

尔赶下台,占有了49%的股份,成为主席。然而,默多克认为一份周报还不足以满足自己,他希望能够再买下一份日报。他的第一目标是《每日镜报》,但该报并不打算出售。此时,左翼报纸《太阳报》因为销售量从150万下降到85万,面临出售的局面。

默多克得知马克斯韦尔已经开始了谈判,于是赶在他之前以150万元买下了《太阳报》。默多克认为,《太阳报》应该办成《世界新闻报》的每日版,并且应该以文摘类的文章为主。此后,他就开始裁减《太阳报》的员工,从澳大利亚调来有经验的文摘文章编辑,并且加大促销力度。在这些措施下,太阳报成为了一份独树一帜的新颖报纸。年销售量迅速攀升至200万份。到20世纪80年代至90年代初期,《太阳报》成为日销量最大的英文报纸。1981年2月默多克又完成了对《泰晤士报》的收购。

转战美国

1973年,默多克在美国收购了哈特·汉克斯报系三家报纸,他为此支付了1970万美元,这些钱来自于他在英国和澳大利亚的报纸集团。此后,他沿用老办法,力推爆炸性新闻,加大宣传力度,使得报纸的发行量逐渐提高。他还发现,美国报纸更关注广告收入而非发行量。

1976年底,默多克收购《纽约邮报》。又花1 200万美元创办了一份周报《国民之星》,当他发现该报纸无法盈利后,立刻从澳大利亚抽调人手,把其变为名为《星》的彩色杂志,不久,该杂志就获得了大量广告收入。后来他又买下了《纽约》杂志

和《乡村之声报》、《新西部》。每当默多克买下新的报纸后，他总是想方设法将其转变为文章短小，标题新颖的出版物。他又于1982年买下《先驱美国人报》，并将其改名为《波士顿先驱报》，第二年又收购芝加哥《太阳时报》。

收购道琼斯

2007年5月1日，默多克打算以每股60美元共计50亿美元的价格收购道琼斯集团，当年8月1日双方达成协议，完成了这一收购。道琼斯公司最大股东班克罗夫特家族的大部分成员已经同意收购方案，同时，这个家族的成员同时也是道琼斯董事会成员的莱斯利·希尔发现已经无力阻止收购后，也黯然辞职。2007年8月4日签署的协议，就这样，历经三个月的拉锯式谈判之后，道琼斯终于改姓默多克了。

当天，新闻集团和道琼斯公司的股价都出现上涨，其中，道琼斯的股价上涨了11.3%，每股57.4美元的收盘价逼近了默多克收购道琼斯60美元的出价。而相比这次收购的商业性，作为收购核心内容的《华尔街日报》未来的新闻独立性问题更受外界关注，这份创刊于1889年、全球最重要的商务财经报纸的出版人日前在给《华尔街日报》读者的一封公开信上说，无论总编、编辑还是记者，都会继续

这份报纸的良好传统。据说,默多克也曾多次表示他不会干涉《华尔街日报》的新闻业务。

在收购道琼斯公司后,人们突然发现默多克的媒体帝国在一夜之间变得更加强大。目前,新闻集团是世界上规模最大、国际化程度最高的综合性传媒公司之一,拥有20世纪福克斯电影公司、福克斯广播公司、福克斯新闻频道、国际交友网站MySpace以及英国、澳大利亚多家报纸和卫星电视。

从1956年收购帕斯《星期日时报》开始,此后近五十年的时间,《世界新闻周刊》、《太阳报》、《纽约邮报》、纽约杂志公司以及象征大不列颠尊严、有200多年历史的《泰晤士报》,后来的天空电视台以及现在的道琼斯公司,它们先后都拥有了一个共同的主人,名字就叫鲁伯特·默多克。

第三节　传媒巨人财富

拥有资产

默多克所创建的新闻集团是当今世界上规模最大、国际化程度最高的综合性传媒公司之一,净资产超过400亿美元,集团经营的核心业务涵盖电影、电视节目的制作和发行,无线电视、卫星电视和有线电视广播,报纸、杂志、书籍出版以及数字广播、加密和收视管理系统开发。1999年3月,新闻集团北京代表处成立。

次年,卫星电视在上海设立代表处,成为首家获准在沪设立代表处的境外传媒公司。

默多克语录
没有绝对客观的新闻,所有新闻都是有倾向性的。

默多克的个人财产已超过110亿美元。默多克三次结婚,与第一任妻子帕特生下一个女儿后不久便分道扬镳。1967年,默多克与当时担任英国《每日镜报》记者、19岁的安娜结

婚,在32年的共同生活中,育有两男一女。默多克现任妻子为华裔女子邓文迪。

目前,默多克控制澳大利亚2/3的报纸,英国的《太阳报》、《泰晤士报》等40%的报纸都由默多克控股。他还拥有英国的天空电视台、美国的福克斯电视网、香港的亚洲卫视。

在互联网时代到来后,默多克又宣布与日本公司合办一家专门拓展互联网投资的金融企业——软银。

西方主流媒体对默多克评价毁誉参半,主要集中在以下两个问题上:首先是默多克对商业利益无止境的追求。新闻集团虽以"新闻"起家,但该集团超过60%的收益来自"娱乐"及相关产业。

默多克受西方抨击的另一个原因是他淡化意识形态,积极加强与中国的关系,努力在华拓展业务。80年代中期,他首次访华就促成了新闻集团与中国的第一次合作。1998年,他还通过新闻集团向中国洪灾重灾区捐款100万美元。

影视与书籍

默多克的野心并不仅仅停留在报纸上,60年代,他就取得了阿德莱德TV-9电视台的经营权。默多克和南方电视有线得到了第九频道。

1985年,美国20世纪福克斯公司陷入困境,默多克高价买下股票。同时,他还借此收购都市媒体公司的7家电视台,组建了福克斯电视公司,为此,他卖掉了《乡村之声报》和《太阳时报》。

然而,美国法律规定非美国公民不得同时拥有报社和电视台。为了筹建自己的电视网,默多克不得不加入美国国籍。

一年之后,福克斯电视台就成为仅次于美国广播公司

> **默多克语录**
>
> 威廉·莎士比亚写作也是为了卖钱。——在买下洛杉矶道奇棒球队后,默多克听到有人评论他总是"事业生涯中接触到的每一样东西都无情地低俗化了"。
>
> ——摘自《三联生活周刊·默多克:媒体、权力与消费主义》

（ABC）、哥伦比亚广播公司（CBS）和全国广播公司（NBC）的全美第四大电视公司。1989年2月，默多克又在英国创办了拥有4个频道的天空卫星电视台，如今，这家电视台已成为新闻集团在英国支柱产业。1981年默多克占有英国威廉·科林斯出版公司40%以上股份，1988年他购买剩余股票，收购科林斯公司。

第四节 澳大利亚商场如赌场

1979年11月20日星期二上午，鲁伯特·默多克昂首阔步地走进位于弗林德斯大街的《墨尔本先驱报》他父亲的旧办公室。在这间办公室里，他第一次对报纸和他父亲的权力着了迷。他告诉该报的董事长他打算购买这家报纸。这是个令人激动的时刻。

默多克要实现他童年时代的梦想的举措发生于他正力图大规模扩展他的集团的时候。他购并所需资金主要来源于伦敦《太阳报》获得的利润。它那独特的迅速报道新闻的方式，辛辣的社论和第三版上袒露乳房的女孩继续赢得读者的青睐。

1978年，该报终于超过《镜报》每天400万份的发行量。尽管资方和工会之间的矛盾没完没了了，《太阳报》现在仍是默多克王国的资金来源。1979年，它的税前利

润由700万英镑上升到2500万英镑。

在安娜的催促下,默多克又把他的注意力转回到了澳大利亚。他正打算在那里安顿下来,或至少使它更像一个永久性的基地。

当问到他这样做是出于商业原因还是个人原因时,他说:纯粹是个人原因。我认为你的孩子无论发生任何事都很难预料,但是一个令人信服的理由是不让我的孩子在英国的公学制度下接受教育,因为我觉得如果他们毕业于英国公学的话,他们永远也不可能摆脱保守、自信、以上层阶级自恃的态度。如果他们想以办报为终身职业,如果他们选择这个职业的话,他们在澳大利亚成长拥有的价值观将比我所能想像的任何其他地方都要好。

他打算把他们送到墨尔本的寄宿学校并把卡万当成家。到这个时候,默多克已成为一个更具争议性的人物,主要原因是他的政治主张改变了。1972年,他的报纸支持高夫·惠特拉姆,此人领导的工党赢得了大选。但是默多克对惠特拉姆的社会主义政策和反美主义感到失望。1975年发生宪法危机,澳大利亚总督解除了惠特拉姆的职务,正式任命他的对手马尔科姆·弗雷泽为总理。

澳大利亚左翼人士普遍对此感到愤怒,而且还有传言说中央情报局介入了这次事件反对惠特拉姆。

在后来的选举中,新闻股份有限公司所属的报纸对惠特拉姆采取了强硬的反对立场。记者们举行罢工抗议,有人故意歪曲新闻报道来损害惠特拉姆的形象。这些争吵严重地损害了《澳大利亚人报》以及它在这个国家里的地位。许多人永远也不能原谅默多克并从那时起把他视为一个美国特务。

酷爱博彩

到20世纪70年代末,赌博——以前是骗子和盗匪横行的领域——已经开始引起大企业

默多克语录
在当今传媒世界,根本不存在独立发展的事业。

的重视,其主要原因是技术的革命。赌博一向为鲁伯特·格林的外孙默多克所酷爱。

几十年来,他被一些头版重要新闻的作家视为赌徒:"默多克——这个赌徒正在快速发展","默多克:输不起的赌徒","默多克:只赢不输的赌徒"。

20世纪70年代,他的报纸开始参与最简单形式的赌博——抽数码赌戏;悉尼《镜报》、伦敦《太阳报》和《纽约邮报》的读者参加宾戈赌博游戏。

到20世纪80年代初期,博彩是国际娱乐业的重要组成部分。英国的一家最大的打赌公司弗农斯在澳大利亚非常有名。它的老板罗伯特·桑斯特与新闻集团达成了一笔交易。

桑斯特说:"就凭他的发行系统,他对营销的了解和他的印刷工厂,默多克是理所当然的合伙人。"到1974年,他们获得特许经营状,成为四个州、澳北区以及堪培拉地区的惟一经营者。

1977年,他们扩张进入美国。纽约州急于开发一种低风险、赌注极不均等的赌博游戏。桑斯特和默多克为得到这个项目的合同展开了竞争,并选择赌博理论家奥斯卡·摩根斯坦创立的一个普林斯顿智囊团数学公司为他们的美国合伙人。

该公司为美国政府研制出许多数学模式,包括航天飞机的图纸。他们一起赢得了在整个纽约州经营抽数码赌戏的专有权,这种赌博游戏是一个旧赌博游戏的翻版,正在风靡全世界。

在澳大利亚,默多克和桑斯特与久经赌场的赌徒克里·帕克合伙共同成立抽数码赌戏管理公司。他们计划在全澳大利亚大陆赌注极不均等的赌博的每一个领域展开竞争。赌博的输赢非常大:仅在维多利亚州,获得经营抽数码赌戏的专有权意味着3000万澳

默多克前两任妻子

默多克于1956年与第一任妻子帕特结婚,生下长女普鲁登斯后于1967年离异。同年他与19岁的爱沙尼亚裔天主教徒、《每日镜报》记者安娜结婚,生下女儿伊丽莎白和两个儿子拉克兰、詹姆斯。

元的收入。这家联营企业首先与
新南威尔士州政府建立合股关
系,在那里经营抽数码赌戏。接
着它又在昆士兰获得了经营即
刻兑奖的彩票赌博。

　　1983年,仅澳大利亚人就为
赌博花了120亿美元,英国人200亿,美国800亿。

　　与此同时,默多克正在扩展他的电视企业。在阿德莱德和悉尼附近的
钢铁城市沃隆冈他仍然拥有他的电视台。现在他需要想方设法得到悉尼
三家商业电视台中的一家第十电视频道。他的企图遭到了澳大利亚新闻
工作者协会和工党的强烈反对。

　　自从1975年大选以来他们就联合起来反对他。但是经过澳大利亚广
播特别法庭漫长的审理,他的申请获得了批准。接着在1979年11月,他向
他父亲的旧报纸《墨尔本先驱报》发起攻击,提出以每股4澳元的价格购买
它50%的股票。

　　恐慌之中,《墨尔本先驱报》的资方投向它的老对手和合伙人费尔法
克斯父子公司。费尔法克斯决心不让默多克获得他要的51%的股权,开
始购买《墨尔本先驱报》的股票。仅仅两天,费尔法克斯就花去五千二百
多万澳元购买了《墨尔本先驱报》15%的股票。

　　默多克完全没有料到会遭到如此强有力的反对,他开始卖出股票,但
是买卖秘密地进行。他后来回忆说:"我雇了另外一个经纪人来卖股票。他
们还在买进,认为他们在与我竞买股票。"事实上,他们正购买默多克秘密
卖出的股票。

　　突然间,《墨尔本先驱报》和费尔法克斯的经纪人惊恐地意识到他们
做了些什么。在很短的时间里,默多克就赢利三百多万澳元。然后宣布他
的竞标到此结束。股价立刻下跌。

　　即使这样,费尔法克斯的管理层显然觉得,为使默多克不染指墨尔本

the报纸

the报纸

的报纸，承受巨大的损失是值得的。默多克谴责费尔法克斯与《墨尔本先驱报》的合伙关系是"两个无能的管理部门不惜牺牲他们股东的利益而相互勾结"。

在华演讲

2003年10月8日，新闻集团董事长兼首席执行官鲁伯特·默多克应邀在中国共产党中央党校做了一场名为《文化产业的价值》的演讲。这是一篇据说是经过新闻集团高层长达一年精心炮制和谋划的演讲词。可以深切地感受到演讲者对于进入中国这样一个潜力极其巨大的传媒市场的渴望和焦虑。

如果抛开其功利性的图谋不论，必须承认，默多克演讲词中的许多论点是深刻并且中肯的，特别是对于把握传媒产业的真正价值是具有相当大的启发意义的。

默多克舍近求远地大讲美国和英国的经验与例证，但其暗含的主线却始终紧扣着中国传媒业发展中的现实"问题单"，并试图回答这其中认识上误解最深的若干问题。他的基本观点是：

1.传媒产业的发展对于当前中国社会的总体发展举足轻重；

2.传媒业不仅是一项具有巨大赢利价值的产业，更是一项能够极大的造福于社会、提升人们生活素质的公共事业。因此，传媒产业的兴旺发达不但是一个国家和社会

兴旺发达的标志,甚至是其福祉所系;

3.传媒业推进其市场化进程与其说妨害其公共属性的实现,毋宁说它会极大促进其公共职能的实现;

4.一个开放的社会必然是一个传媒业开放的社会,"让开放的市场发挥其潜能并不意味着权利的丧失"。

默多克的演讲主旨落在了一向思考甚少的传媒业的工具属性及其价值上。

第三章　被湮没的传奇——邓季惺

人物传奇

　　对绝大多数读者来说,"邓季惺"是个十分陌生的名字,作为曾经的一代著名报人,她的这一身份在今天或许远不及"吴敬琏的母亲"更具传播力。作为那个时代的"新女性",邓季惺对妇女运动、对"法治"社会以及新闻自由的种种探索与努力,虽然在那个风雨飘摇的年代里显得那么孱弱,却散发出一种穿过历史尘烟的力量。原本是执业律师的邓季惺,当年把本来只有10人不到的小报改组为一个经营管理制度严整有序的股份公司,使《新民报》成为解放前名噪一时的民营报纸。

第一节　人物解读

个人简介

　　邓季惺(1907—1995),1907年,她出生在四川省奉节县(今属重庆市),14岁考入四川省立第二女子师范学校。在校期间,她受到恽代英、张闻天、萧楚女等老师进步思想的影响,与进步师生一起参加校内外争民主的活动。

　　毕业后她又到上海、北京读书,学习法律,后到南京司法部任职。这时她常同李德全、曹孟君、谭惕吾等妇女活动家一起,从事妇女解放运动。

《新民报》

1929年9月创刊于南京。先后出南京、重庆、成都、上海、北平(今北京)等版,有八个日、晚刊。抗战胜利后,总管理处设于南京,罗承烈任总主笔,赵超构任副总主笔。因主张和平民主,反对内战,1948年年中,被迫停刊。建国后,上海《新民报·晚刊》继续出版,1958年起改名《新民晚报》

人物生平

1929年,由三个中央社记者、编辑创办的民间报纸《新民报》在南京出版;1933年,邓季惺与《新民报》创办人之一并兼报纸主持人的陈铭德结为伉俪;1936年,她正式参加办报工作,任《新民报》副经理,负责报社经营管理,建立了一整套管理制度,使报社管理企业化,最终促成《新民报》股份有限公司成立,使报社经济得以独立,从最初的报纸为投资赞助者代言,到言论报道尽可以客观公正,摆脱了旧社会私人办报难以维持的困境。

1937年11月底,日本侵略者侵入上海,逼近南京。在南京陷落前7天,《新民报》迁往重庆。当时,大批文化人云集山城,陈铭德、邓季惺夫妇广结名流、学者,郭沫若、朱自清、田汉、洪深、夏衍、巴金、老舍、徐悲鸿等经常为报纸撰稿,使报纸发行量大增。他们还通过郭沫若的介绍,与在重庆的中共领导人建立了密切的联系。周恩来一直很关心《新民报》和陈邓二人,鼓励他们:"为抗战宣传,要与《新华日报》互相协作。"抗战一周年时,周恩来为《新民报》题词:"全民团结,持久斗争,抗战必胜,建国必成。"

邓季惺不仅是一位出色的

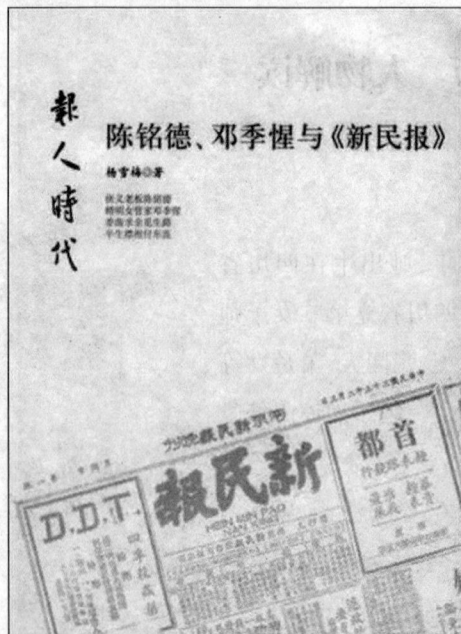

报人，而且是一位政治家和社会活动家。陈铭德、邓季惺夫妇抗战胜利后，邓季惺兼任上海、南京《新民报》社经理。1947年《新民报》在言论和报道中反对内战和国民党独裁统治，主张和平、民主，同情学生运动，揭露当局腐败和美军暴行，被当局视为异端，报社处境艰难。

1948年6月，国民党空军轰炸被解放军攻克的开封城，造成无辜百姓死伤无数。邓季惺在立法院的秘密会议上领头提出提案，反对轰炸开封，并在第二天的《新民报》南京版刊登了消息。这下引起轩然大波，当天立法院就以"《新民报》泄露秘密会议消息"为由，召开全体会议，反动分子围攻、谩骂邓季惺。13天后，南京《新民报》被当局勒令"永久停刊"。随后，各地出版的《新民报》也先后遭到迫害，20余名报社工作人员被捕，邓季惺化名秘密转移香港才免遭毒手。

1949年4月，邓季惺从香港来到已经解放的北平，主持《新民报》(北平版)工作。3年后，《新民报》(北京版)交由北京市人民政府赎买，将人员、社址、印刷厂转由中共北京市委宣传部接管，用《新民报》的名义过渡了半年后，改为《北京日报》，她担任顾问。以后，各地《新民报》相继停刊，唯存的上海《新民报》(晚刊)于1958年改为《新民晚报》，她一直是该报的顾问。

1950年，毛主席任命邓季惺为西南军政委员会委员，以后她又担任了北京市民政局副局长。1957年，她帮助党整风，提出"不要以党代政"、"要法治不要人治"，被错打成右派，直到1979年才得以改正平反。

邓季惺在早年从事妇女运动时曾创办过两个托儿所，并自任所长，意在让妇女从家务中解放出来。不想，1957年后，她在自家重操旧业，担起为儿女培养下一代的任务，在她的孙子、外孙中有7人都是她亲自带大的。如今，她的一子两女及第三代个个事业有成，其子吴敬琏是当今中国著名经

妇女运动

上世纪初，以秋瑾、宋庆龄等为代表的女性运动先驱者们，为中国妇女的解放进行了前赴后继的努力。她们毅然走上街头，大声疾呼、大力倡导"戒缠足、办女学、参与社会劳动"，推崇"男女平权"，抵制"男尊女卑"、"女子无才"的封建思想。

济学家,他们无不得益于她的言传身教。

晚年的邓季惺重新投入国家的政治生活,即便从诸多岗位上退下来,仍孜孜不倦,关心着党的统一战线工作和民主党派工作,经常参加各种社会活动,并提出有分量的意见、建议。

1995年8月29日,她在北京病逝,享年88岁。

第二节　子女回忆非凡女性的传奇故事

我的父亲、母亲

母亲邓季惺1907年出生于四川,原名邓友兰。她的祖父邓徽绩1891年到日本买了一个新的洋火厂到中国,建立了四川第一家近代工厂——"森昌泰"火柴厂,这个洋火厂最终还是被外国真正的"洋火"挤垮了。她的父亲邓孝然曾创办过煤矿开采、织布、造纸等实业,也当过成都中国银行行长,现在看,邓家算是中国最早的民族资产阶级。

我的外祖母吴婉也是一非凡女子。她幼年在家跟着哥哥读书,后来肄业于北京女子高等师范学校,并曾在重庆创办了一所女子学堂。但是婚后一连生育了9个孩子,也就不可能再出去工作,为此她一生都对丈夫心存怨气。我还记得看过外婆用蝇头小楷写的一篇《不平则

鸣》的文章,但当时年纪小不清楚"不平"的具体内容。

本来外公并不主张女儿去外面的学校上学,只要母亲念私塾。但在14岁那年,趁外公出川,外婆自作主张,让母亲投考重庆省立第二女子师范。母亲的性格

很大程度上受外婆影响,刚强、理性,做事果断。

母亲在重庆二女师读书时,卢作孚、恽代英、张闻天、萧楚女都曾任过教。我后来还听也在二女师读书的一个姑姑告诉我,当年学校要解聘萧楚女时,学生们还闹风潮以示抗议。杨尚昆夫人李伯钊也是母亲的同班同学,虽然五四运动时母亲只有12岁,但那时宣扬的民主、科学等价值观影响了她一生。

受新思潮影响,母亲18岁和同学吴淑英去上海求学,在那里,认识了吴淑英的弟弟、复旦大学新闻系毕业的吴竹似,1925年,他俩结了婚,而母亲也因生育中断了她在上海的学业。那时我的父亲吴竹似在南京中央通讯社做记者。后来,父亲受聘于四川一家报馆担任主笔。1929年他们又南下到南京,父亲和几位朋友,其中包

括后来成为我继父的陈铭德,创办了《新民报》。

不幸的是,《新民报》创办的第二年,父亲得了肺结核,他曾到杭州养病,但效果不明显。抱着一线希望,母亲陪着父亲,带着我们3个孩子,一起到北京养病。这期间,母亲在北平朝阳大学(注:创办于1912年的朝阳大学在当时被誉为"中国最优秀之法律院校",有"南有东吴,北有朝阳"之说。1949年由人民政府接管,在原址建立了中国政法大学)上学,在她看来,那时整个中国社会充斥了"人治"而最缺"法治",因而选择了法律为专业。

1931年7月,生父在北京去世,因为去世早,我对他几乎没任何记忆。只记得刚解放时,我们和母亲去北京西山为他扫墓,很大的墓碑上写着:"江苏武进人氏"——我的生父原名吴卓士,据说是因为爱慕母亲,为了和母亲的原名"友兰"相对,他改名"竹似"。

那一年母亲只有24岁,姐姐敬瑗5岁,我3岁,小弟敬琏只有1岁半。小弟自小体弱多病,取名"长明"——可能有取其谐音"长命"的意思。出殡那天,按照旧习,子女们应该披麻戴孝在出殡的路上一步一磕头。可是母亲没有因循这个规矩,她说:"死者已矣,活着的人还要继续活下去。长明年幼体多病,这样做肯定要把他弄出病来。"在那个年代,母亲已显示出她非同一般的勇气和理性。

新报纸的诞生与陈邓联盟

生父吴竹似在中央通讯社做记者时,有两位志趣相投的好朋友陈铭德、刘正华。他们三人在一起经常抱怨在官方通讯社里,事事受束缚,与他们所幻想的新闻自由相距甚远,因此萌发了要办一份民间报纸的意愿。经一番筹备,1929年9月9日,浸透着这三个年轻新闻工作者心血的报纸诞生

了,起名《新民报》,含有继承和发扬同盟会时代的《民报》精神的意思。

陈铭德是四川长寿县人。他幼年丧父,家境贫寒,靠父亲死时东家给的一点抚恤金,和哥哥辍学打工挣的钱,读了书,考入北京政法大学,同时在北京《国民日报》兼做编辑。

《新民报》创办时,得到四川军阀刘湘的资助——他先是给陈铭德2000元开办费,后来每月给《新民报》500元津贴。有了这笔经费,《新民报》在南京开始最初的启动。陈铭德任社长,父亲与刘正华业余兼任编辑,从社长到送报员,一共才十几个人。报纸起初仅发行2000份,而且其中很多还是赠送的,每月广告收入不足200元,名副其实的"惨淡经营"。但陈铭德并不沮丧,他待人宽厚、礼贤下士,能容人,后来被人称为"刘备"。

1931年生父去世后,作为生前好友,陈铭德多次来探望母亲和我们几个年幼的孩子。1933年1月,母亲与陈铭德在南河沿的欧美同学会礼堂举行了结婚典礼。这个婚礼很特别:来宾们得到了一份新郎新娘联合署名的协议。协议写明,母亲不随夫姓;我们3个孩子仍姓吴;两人婚后实行夫妻分别财产制,双方共同负担家庭生活费用。他们把订立的协议印在粉红色卡片上,以强化这份协议的严肃性。

很多人都猜测这份协议应该是学法律的母亲提议的,也视之为母亲对妇女权利最早的觉醒。解放后一次周恩来跟另一些记者谈论郭沫若与安娜时,还援引母亲的婚事打趣说,财产在谁手里,谁就有地位。朋友们了解母亲的脾气,都称呼她为"邓先生"而非"陈太太"。朋友的孩子们都称她"邓"而不称"陈伯母"。直到

女权运动

随着欧洲封建社会文化对人类精神的束缚逐渐松动，西方的女权运动开始萌芽。女权运动者的初衷是：自然、法律和造物者对人都是公平的，无论是男还是女。妇女在生活、自由和对幸福的追求上具有和男子相同的权利。英国是女权运动的发祥地。

老年，母亲对"陈伯母"这个称呼才不再介意了。对他俩的联姻，新闻界也传为佳话，戏称为："刘备得到了个女诸葛亮。"

1933年夏，母亲在朝阳大学毕业后，回南京经过公务员考试入司法行政部任科员。但她不喜欢那种循规蹈矩的生活，开始热衷妇女运动，和冯玉祥夫人李德全及曹孟君、谭惕吾、王枫等人，成立了"南京妇女文化促进会"，别出心裁地做"女权运动"实验，学开车、练打靶，开风气之先。她觉得妇女要解放，必须解决后顾之忧。为此，她们创办了"南京第一托儿所"，母亲担任所长，负责具体事务。后来，抗战初期，她在较少受到空袭的重庆南岸，又办了一个"七七托儿所"。直到报社业务发展，她实在无法兼顾，才停办了。

在办托儿所的同时，她开始做执业律师。那时母亲经常免费替被虐待或遗弃的妇女打官司，业余时间，她还在《新民报》上开辟《新妇女》周刊，担任主要撰稿人，并主持《法律问答》专栏。

继父很早就邀请母亲加入《新民报》。但母亲担心会被人看成是丈夫的附庸，直到1937年，她靠自己的努力成为被社会认可的妇女活动家后，才正式加盟《新民报》，主要掌管经营管理和财务。

《新民报》之前是文人办报，一开始一切因陋就简，没有严格的管理制度。母亲一上任，就建立起严格的财务制度和管理体系，使报社经营达到收支平衡、自

给自足。母亲的精明能干也传诵一时,当时有这样一种夸张的说法:邓季惺精明到报馆里用了几根大头针她都有数。

1937年7月1日,报社集资5万元成立了"新民报股份公司",陈铭德由社长改称总经理,母亲任经理。入股董事有国民党各派系的人,也有四川一些民族资产企业的代表人物,这是中国报业史上第一个近于现代化的报业集团。后来弟弟以提倡市场经济闻名,有人开玩笑说,母亲是他第一个老师。

第三节　邓季惺与报业的沉浮路

鼎盛时期

20世纪30年代中国处于国难深重的关头,《新民报》的言论方针反映了广大人民渴望停止内战,抵抗日本侵略的愿望,所以销路迅速增长,广告收入也不断增加。有了比较雄厚的财力,加以陈铭德能网罗人才,礼贤下士,再加以抗战爆发后全国各地的人才集中到了战时的陪都重庆,不断有编写高手参加到它的采编队伍中来,并形成了一套自己的编辑风格。

《新民报》鼎盛时,有"三张一赵"四大台柱——张友鸾、张慧剑、张恨水与赵超构。主持副刊的张慧剑古典文学底子好,解放后调到人民文学出版社校注《水浒传》和《聊斋志异》等。赵超构在1944年参加"中外记者西北参观团"访问延安时,采访过毛泽东并写了《延安一月》在《新民报》上发表,为此毛泽东一直记着他。1957年反右开始时毛主席请他吃饭,当面点拨,这也使他免于成为"右派"。

《新民报》还有一个著名女

> **人物简介**
>
> 张恨水(1895年5月18日－1967年2月15日),原名心远,恨水是笔名,取南唐李煜词《乌夜啼》"自是人生长恨水长东"之意。张恨水是著名章回小说家,也是鸳鸯蝴蝶派代表作家。被尊称为现代文学史上的"章回小说大家"和"通俗文学大师"第一人。

女权理论

女性境遇的考察，女权主义发现，女性在社会低下的地位和悲惨境遇，不是男性统治者所说的那样，不是天经地义的。无论是女性的性别，或是女性的社会地位、身份和角色等，都是社会不平等的现实给与的，女性是被构造的，没有选择的权力和能力。

记者是采访部主任浦熙修，新闻界人称"浦二姐"。解放后虽然她离开了《新民报》，参加了《文汇报》，母亲和继父一直和她保持友好的来往。后来，浦熙修被打成右派，晚年又患了癌症，孤苦伶仃，那时母亲的境遇也不好，但还是非常关心她的病情，甚至去医院为她挂号，接她看病。

当年就在《新民报》刚刚成立股份公司后不久，战争把一切秩序打乱了。1937年"8·13"淞沪战事开始后两天，母亲带着我们3个孩子搭乘民生公司轮船溯江而上，把我们托付给重庆的外婆，她又匆匆赶回还在南京的报社。11月，南京失陷前，报社的设备和人员才上了开往重庆的最后一班船。母亲后来说，当时报社全部资金只剩下200元，一路上职工伙食和零用，还是她自己掏私人腰包垫出来的。

1938年1月15日，《新民报》重庆版创刊，距南京休刊只有49天。能以如此的高效率出版，在内迁报纸中也是首屈一指。

抗战时期也是《新民报》的鼎盛期。重庆时期先后在《新民报》担任过的主笔或副刊主编的作家有夏衍、凤子、吴祖光、谢冰莹、黄苗子、郁风、陈白尘、聂绀弩等。为报纸撰过稿的作者群，则更是几乎把文化界人士都网罗进来，郭沫若、田汉、阳翰笙、徐悲鸿、于右任、章

士钊、吴宓、陈寅恪等。

陈铭德对报纸编辑和言论一般不加干涉,他一向认为,报纸的兴盛发展,是通过积聚人才来实现的。对他来说,这份报纸就是他自己经营的一个小产业,遇到问题时,他更多通过个人关系去解决,我记得自己十几岁时,还曾经被他带着出去拜望一些能对报纸的生存给以援手的达官贵人。母亲则正相反,她更多靠规章制度解决问题——后来弟弟常说,母亲比父亲更"现代化",虽然她说话慢条斯理,但有一种不怒自威,与客气谦卑的继父形成强烈对比。

如果说以前的《新民报》是"超党派"立场,1942年以后,则采取"中间偏左"。因为它宣传坚持抗战,反对摩擦,揭露国民党政府的腐败和反映普通百姓的疾苦,受到广大读者的欢迎。1943年春,母亲受邀请去成都看花展时,犯胆病住院,住院期间她又萌生了在成都筹办《新民报》的想法。没多久,成都《新民报》也创刊。

1945年9月,日本投降刚一个月,母亲就由重庆迅速飞回南京,准备"南京版"的复刊。此后,又在上海、北京两个城市筹备。那时候从南京到上海的火车要8小时,小时候我经常跟着她坐夜车,睡一晚后第二天到达另一个城市开始办公。至此,《新民报》在南京、重庆、成都、上海和北京都有了分社,一共出版日、晚刊8版,达到了事业的巅峰。

沉浮年代

抗战之前,南京城北还是一片荒地,后来政府作了规划,银行给贷款,鼓励一些人买地盖房。1933年,母亲就在那里盖了一幢花园洋房,就在现在南京的北京西路,取名"鹩庐"。我们家是上下两层,一半自己居住,一半出租。这

幢房子当时还作为中国中产阶级的居住模式，接待过美国参观者。那时候她做律师，又带着我们3个孩子，还自己盖房子，现在想起来，她真是精力旺盛。

从现在的眼光看，母亲也是一个观念很先进、很懂经营的人。母亲无论到哪里，都能营造一个适合我们读书和生活的环境。1939年，重庆大轰炸，报馆的宿舍被炸，母亲又在江北盖了一处房子。那时法币天天贬值，母亲便用所筹资金和报社积累买进黄金、美钞保值。

1943年去成都办报时，母亲在金沙街华西坝的外边修了一所红砖二层小楼。解放初，我们搬到北京后，母亲在南长街买了一块地，与中山公园只一墙之隔，盖了一幢300多平方米的三层洋楼。这是我们一家人享用时间最长的一座房子，直到"文化大革命"才被迫搬出来。

1947年，国民党政府举行大选。母亲决定参加竞选立法委员。当时我爱人关在汉和弟弟都极力反对，但是，母亲寄希望于"宪法"和"立法院组织法"使中国进入一个法治轨道，她甚至还希望能制定一部"出版法"来保证言论出版

的自由。她说:我要斗争,就得打进内部。母亲在"自由竞选"中成功当选。在600多位立法委员中,像她这样无党无派者是极少数。

1948年,母亲在立法院对国民党政府轰炸开封提出质询。《新民报》发表了立法院会议上的争论,引起一些人极度不满。在第二次会议上,母亲刚上台,反对者指责她泄露机密,制止她发言,结果支持母亲的人和反对者互相攻击,会场乱作一团,当时的行政院长孙科只好命令休会10分钟。

1948年7月,《新民报》被勒令永久停刊,理由是"诋毁政府,散布谣言,煽惑人心"等。上海版被停刊,成都版被查封,重庆版遭严重迫害,好几个记者解放前都牺牲在渣滓洞。

母亲听说政府也对她下了逮捕令,托当时公开身份是中央银行主任秘书的黄苗子买了张机票,逃到香港。国民党政府到台湾后,还对母亲发布了"通缉令"。

母亲兄弟姐妹很多,其中有4人先后追随了共产党。只有三舅邓友德,当年在四川读书时还加入过共青团,本来是想到广州投考黄埔军校,因为一场病,滞留上海后来进了复旦大学新闻系,走了另一条道路。抗战时在上海替国民党做地下工作,还被法租界警察抓过,日本想引渡未果后逃回重庆,在那里进了国民党中宣部。

抗战胜利后,邓友德当上国民党新闻局副局长,正好是母亲的顶头上司,我记得经常是早上还没起床,就接到他电话质问母亲:"你们这碗饭到底还想不想吃?"其实他和母亲姐弟感情很深,只是立场不同。1944年政府组织一个中外记者代表团访问延安,副团长就是三舅邓友德,他到了延安之后,还和自己在延安的另外三个弟弟合了影。

邓友德在解放后去了香

> ### 黄埔军校
>
> 它的全名中国国民党陆军军官学校。是近代中国闻名的一所军事学校,培养了许多在抗日战争和国共内战中闻名的指挥官。第一次国共合作时期的一至六期,原址设于中国内地广东省广州市黄埔区长洲岛,军校在1924年由中国国民党成立,目的是为国民革命军训练军官,是国民政府北伐统一中国的主要军力。

港，后来又辗转巴西、日本等地，最终落在台湾。解放初母亲见周恩来，周总理还记得三舅，跟母亲说："你要动员友德回来！"母亲还很认真地跑到广播电台的对台节目里广播一番。1990年我陪母亲去美国，飞机在台北停一小时，我们事先托人找到舅舅，想让他和母亲见一面，但舅舅最终还是没有来。1993年弟弟到台湾访问，这时台湾的政局有了变化，三舅很高兴地和他见了面。

最后的舞台

1949年4月中旬，在夏衍的安排下，母亲带着小弟从香港乘船回到北京，当时夏衍是中共香港工委负责人。母亲最关心的还是她的报纸，她特地跑去问夏衍，解放以后还能不能私人办报？夏衍的回答是肯定的。

但母亲再也没有在报社当家。1950年成都、南京两社结束，1952年重庆社结束。北京社则在1952年被北京市人民委员会收购，原来的员工被安排进后来成立的《北京日报》，也算是给他们一个出路。上海社也于1952年底进行了公私合营。那一年，父母的好朋友、曾经

重庆市师及女师在(昆明师院)学习全体同学合影 1955 7.4

的一代船王卢作孚在"五反"运动高潮时自杀于重庆家中。他当年从香港回来途经北京后就住在我们家。母亲在"五反"中也受到不小的冲击，但她以她一贯的坚强、自信经受了有生以来第一次的群众运动的考验。

1957年，毛泽东动员党外人士帮助共产党整风，请求他们"监督"。父母要去参加北京市非党领导干部整风座谈会。尽管事前有了解母亲的直脾气的人提醒她说话小心。母亲毫不在意说："有啥子可以小心的？我们不都是为了党好！"她很认真地提了很多意见，关于公私合营、关于新闻自由、民主和法治……结果她和父亲双双当上了右派。

反右斗争结束后，他们经过在社会主义学院改造思想，都在统战系统里安排了一定的"位置"，不过都再也没有工作可做。1978年他们的"右派"问题都得到了改正，母亲在1978年又当选为全国政协委员，但是，这时他们都已进入老年，也不可能再做什么工作了。改革开放初期，她还打算和几个法律界的熟人一起开办律师事务所，但终因心有余而力不足，放弃了。

1978年，上海《新民报》酝酿复刊，成了后来的《新民晚报》，闲了多年的父亲、母亲对这张报纸特别关心，为了解决报纸发行问题，他们亲自多方联系有关部门。1989年上海《新民晚报》为了庆祝60周年，邀请和报社有历史渊源的夏衍、阳翰笙等老同志写稿，母亲虽然年高体弱，仍陪同报社的负责人去拜望他们。

母亲说：我从来不锦上添花，我只雪中送炭。她去世后，我收拾她屋子，在一个很小的塑料袋里，发现一堆寄款单，除了资助一些亲属的孩子

上学之外,还有不少是寄给过去曾在报社工作以后遇到困难的人,她自己生活很节俭,但是别人求助于她时,她从来都毫不吝惜。

虽然吃了不少苦,但对国家的痴心不改。1993年中国申办奥运时候,她不仅捐了钱,还非常关心申办结果。公布结果那天,我正好陪她在新加坡,她在新闻里特别注意听,结果听到不是北京时,还"哎呀"地大声连连叹息。直到她去世前一个月,还在向有关部门写信谈王宝森案之后的感想。现在弟弟成了著名经济学家,从性格上讲,母亲也给了他很多影响,坚持正确的东西,不考虑个人得失。

1989年,继父去世,享年92岁。6年后,母亲去世,享年88岁。一直到晚年,母亲还是求知不倦,每天看报还用红笔、蓝笔画出重点。继父90岁以后她还把自己画出重点的报给他看。我想母亲此生最大的遗憾,就是在她50岁时便失去了一个发挥她的热情和才能的舞台。

第四章 外裔老兵的中国传奇

　　他是宋庆龄的挚友,他掩护过邓颖超,他用镜头和钢笔记录过毛泽东、陈毅、邓小平等领袖的点点滴滴,他是斯诺夫妇的朋友。他曾是一个外国人,却是周恩来总理特批的获得中国国籍的外国专家。胡锦涛总书记在他逝世前几天还探望过他。他就是伊斯雷尔·爱泼斯坦,一个把毕生奉献给中国的传奇老人。

第一节 人物解读

人物简介

　　伊斯雷尔·爱泼斯坦(Israel Epstein,1915年4月20日-2005年5月26日),犹太裔中国人,中文名艾培,记者、作家。

　　爱泼斯坦拥有中华人民共和国国籍,是为数不多的几名加入了中国共产党的外国裔人士,信仰马克思列宁主义。他被中国官方誉为中国共产党的优秀党员、杰出的国际主义战士。曾任全国政协常委、《今日中国》杂志(原《中国建设》)名誉总编辑、中国工业合作协会国际委

员会副主席、中国福利会理事等职。

人物经历

伊斯雷尔·爱泼斯坦(Israel Epstein)又名艾培,1915年出生于波兰,自幼随父母定居中国。1931年起在《京津泰晤士报》从事新闻工作。1937年任美国联合社记者。1939年在香港参加宋庆龄发起组织的保卫中国同盟,负责宣传工作。抗日战争期间,他努力向世界人民报道中国共产党领导人、解放区和中国人民的英勇斗争。日本投降后,他在美国积极参加反对干涉中国内政的斗争。1951年应宋庆龄之邀,回中国参与《中国建设》杂志创刊工作。1957年加入中国籍。1964年加入中国共产党。

主要作品

《人民战争》《见证中国:爱泼斯坦回忆录》《历史不应忘记》《见证中国:一个中国籍犹太人的诉说》《中国尚未结束的革命》《从鸦片战争到解放》《西藏的转变》《宋庆龄:二十世纪的伟大女性》

成长历程

爱泼斯坦于15岁(1931年)开始从事新闻工作,其时他在一家设立于天津的英文《京津泰晤士报》(Pekingand Tientsin Times)报社担任新闻记者。他亦在抗日战争中与美国合众国际社和一些西方新闻社参与了掩护中国平民的行动。

工作在中国

历任《中国建设》杂志社执行编辑、总编辑,宋庆龄基金会理事、顾问,3S研究会副会长、顾问,中美友协理事,中国工业合作社国际委员会副主席。2001年3月任第四届宋庆龄基金会副主席,第六至九届全国政协常委(新闻出版界)。

1941年,他制造了自己死亡的假新闻以欺骗试图逮捕他的日本政府,这则假新闻甚至被以短消息形式印刷到了《纽约时报》上。但是他仍然在香港被抓入集中营。1942年3月18

日,他在后来成为其妻子的邱茉莉(ElsieFairfax-Cholmeley)的帮助下越狱成功。

在校订作家埃德加·斯诺的一本书的过程中,爱泼斯坦和斯诺得以相互认识。斯诺在出版前给爱泼斯坦看了他后来的经典之作——《西行漫记》。

1944年,爱泼斯坦第一次访问了英国,然后与邱茉莉在美国居住了5年。在这段时间内,他担任了《联合劳动新闻》(Allied Labor News)的总编辑并于1949年出版了《中国尚未结束的革命》(The Unfinished Revolution in China)一书。邱茉莉亦是一本在中华人民共和国出版的被广泛使用的汉英辞典的贡献者,在许多年后,逐渐被中国和世界各地学习汉语的一代学生所知。

爱泼斯坦与宋庆龄

爱泼斯坦与宋庆龄有着长期交往的经历,是宋最信赖的朋友之一。因此,宋生前曾谢绝了许多人为她作传的请求,而独将作传之事授权于他。

相关连接《宋庆龄》:伊斯雷尔·爱泼斯坦一见我就笑了。他说,你的文章我读了,很好,但是开篇的那一段里描写的头戴黑礼帽、身穿系着长带子黑长袍的犹太人,是凭想象写的,那样装束的犹太人只是一个教派,人很少,我在天津18年,18年里从未看见过。他还指着配文发表的天津第一饭店的照片

说，这个地方我也住过，1937年我帮助邓颖超同志去延安，她也在这里住过一夜。

这位86岁高龄的新闻前辈实事求是、一丝不苟的工作态度令人钦佩。他所说的"你的文章"，是指去年发表的《寻访二战犹太难民在天津的足迹》一文，而他，是我迄今为止找到的惟一一在天津的犹太人。

会唱中华人民共和国国歌的外国人

爱泼斯坦出生于华沙的一个犹太人家庭，当时波兰正在俄罗斯帝国的控制范围内。他的父亲曾因领导劳动者起义而被俄罗斯帝国的当权者关押，母亲则被放逐到了西伯利亚。爱泼斯坦的父亲在第一次世界大战爆发后被他所在的公司派往日本；当德军逼近华沙时，爱泼斯坦和他的母亲逃亡到亚洲投奔了他的父亲。在历经了一些地区的反犹歧视后，他的家庭最终于1917年迁往中国，并于1920年定居在了天津。

当时，国民党政府禁止老百姓传唱《义勇军进行曲》。但是，爱泼斯坦走在天津的大街上，总会不时碰见一个学生或是工人，一边走一边不停地哼唱着《义勇军进行曲》的旋律。

几个星期过去了，会唱的人越来越多，连一些白发苍苍的老人和小孩子都唱起来了。住在天津租界里的西方人纳闷地问爱泼斯坦："这是什么歌？为什么所有的中国人都在唱？"

宋庆龄
二十世纪的伟大女性

他笑而不答,而是昂首挺胸地大声唱道:"起来! 不愿做奴隶的人们!"把问者吓了一跳。

后来,爱泼斯坦在报道中国抗日战争头两年情况的《人民之战》一书中,再次提到了《义勇军进行曲》,他激情澎湃地写道:"东北人民为摆脱日本的枷锁而英勇斗争,在他们那勇敢精神鼓舞下,产生的这首激动人心的歌曲,使举国奋起,众志成城。从前线到大城市,从城市到最遥远的乡村,每一个中国人都知道这首歌,都会唱。《义勇军进行曲》诞生的历史,就是抵抗日本侵略的浪潮不断高涨的历史。这首歌的曲和词深深扎根于中国人民之中。"

随后,当日军的铁蹄踏进天津的时候,在天津居住了20年的爱泼斯坦的父母不愿意生活在日本侵略者的统治之下,决定去美国。爱泼斯坦毅然一个人留了下来,坚决地与中国人民一道投入到抗日战争之中,他坚信:"这个占世界人口五分之一的古老而伟大的民族,在经历了一个世纪的屈辱和失败之后奋起抗争,是绝不会失败的。"

从1937年到1938年,身为美国合众社记者的爱泼斯坦真实地记下了卢沟桥事件的第一声枪响、天津争夺战的激烈悲壮、南京武汉军事事态的发展、台儿庄战役鼓舞人心的胜利,直至广州沦陷时

> **爱泼斯坦语录**
>
> 我从没有想过把离开中国作为一条出路。到了国境的那一边,在怀有敌意的新闻界面前,捶胸顿足地背弃我长期的信仰,然后在资本家的餐桌上赴宴享乐,这是我曾说过的抛下红旗、表示"改悔"的逃兵表现。我对自己起誓:我永远不会那样做。

的情景。

在亲临山东台儿庄进行战地采访时，爱泼斯坦和一些中外记者面对大炮轰鸣、硝烟弥漫、杀声震天、尸横遍野的惨烈景象，大家都感到十分紧张。此时，与他们同来观战的美国驻华海军副武官卡尔逊，带头唱起《义勇军进行曲》，激昂的歌声，使大家很快镇定下来，人们都跟着放声歌唱，恐惧的情绪一扫而光。爱泼斯坦看到中国官兵端着步枪、挥着大刀，高唱着《义勇军进行曲》，冒着日本军队的猛烈炮火，前仆后继，打垮了日军的进攻，取得了台儿庄大捷。战争结束后，兴奋无比的他和荷兰纪录影片导演伊文思站在被击毁的日军坦克上合影留念，雀跃欢呼中国军队的胜利。

2005年，爱泼斯坦去世后，他的夫人黄浣碧接受记者采访时，深情地回忆了一件鲜为人知的往事，她说："还有一样东西是艾培(即爱泼斯坦)很少示人的，就是1949年10月1日新中国成立那天，他在美国一家录音店里录下由他自己演唱的中国国歌《义勇军进行曲》。"

第二节　见证中国　写作一生

中国从不"排犹"

1920年，天津海河北岸的意租界马可·波罗路，搬来了一户姓爱泼斯坦的犹太人。这家人人口很简单，一对年轻夫妇，一个独生子。父亲拉沙尔在一家公司做会计，母亲松亚是位助产士，自生了儿子小爱泼斯坦之后便不再外出工作，留在家里料理家务。伊斯雷尔·爱泼斯坦这年才刚刚5岁。这一家人虽然人口简单，但迁徙之路却充满艰难困苦。

他们原来生活在波兰华

《起来，不愿做奴隶的人们》报道

"那两个日本人满脸通红，想方设法地躲避着人们的眼睛，最后实在躲不过去了，他们也哆嗦着嘴唇勉强吐出中国歌词'起来，不愿做奴隶的人们'，一边唱，一边小跑着朝大门口走去……"

沙,因为参加犹太人劳动联盟反抗沙皇的残酷统治,拉沙尔坐过沙皇的监狱,松亚被流放到西伯利亚。第一次世界大战爆发,拉沙尔被公司派往日本开展太平洋方面的业务。德军逼近华沙,松亚抱着襁褓之中的小伊斯雷尔万里寻夫,通过横穿西伯利亚的铁路,乘船跨海到达日本。两年以后,一家人迁居中国的哈尔滨。

到了哈尔滨,他们仍然没能逃脱沙俄反犹主义的魔掌。那时,沙皇的白俄军队被新生的苏维埃打败,大批逃往哈尔滨,也把排犹的恐怖活动波及到哈尔滨。青天白日之下,一个犹太青年记者在哈尔滨街头被白俄军官追赶射杀;法国犹太族钢琴家西蒙·卡洛培被绑架,凶手将他的耳朵割下来送到他有钱的父亲那里勒索赎金。爱泼斯坦一家只得南下,离开哈尔滨来到天津,一住便是18年。

1992年。时隔72年之后,爱泼斯坦出席了美国哈佛大学举行的"在中国的犹太人"研讨会,这位在中国生活了近80年并已加入中国国籍的犹太人对世界说:"在犹太人的经历中,像中国这样没有土生土长的反犹主义以及犹太问题的国家,是不多见的。"

伊斯雷尔在天津长大

后来爱泼斯坦一家从意租界搬入旧德租界，住在武昌路的一栋公寓里。父亲拉沙尔开了一家小洋行，做进出口生意，但他不善经营，他的家就不能像那些有钱的外国人那样买别墅、雇中国保姆带孩子。伊斯雷尔7岁时，父母送他进入一所美国人办的小学读书。这所小学在马场道，上学下学很方便。伊斯雷尔的中学时代是在英国人办的文法中学（即今天津市第二十中学）度过的。

小学、中学进行的都是英语教育，这一点他与所有在天津生活的外国孩子一样。那时，天津的犹太人有三千人左右，但只有一个孩子在中国的学校里读书。对于中国文化，父亲拉沙尔持积极交流的态度，他认为在西方生活的第二代犹太移民都学会了他新祖国的语言，并为那里的文化作出了贡献，也创造了当地的犹太文化，而在中国的犹太人仍却生活在"欧洲文化废料"中。他曾经措辞激烈地说道："中国人会因为缺少文化交流而迷失吗？不会。但在这里长期生活的犹太人会的。他们没有任何当地的生活背景，他们在可能永远生活的土壤上没有任何根基，他们的子女也会如此。"

伊斯雷尔从小就接受了父母关于民族平等的教育。父亲拉沙尔对中国民众充满同情。90年代初，一位学术上的朋友告诉爱泼斯坦，说当年美国驻天津领事馆密销的文件中有一份报告，说拉沙尔·爱泼斯坦在当地犹太人中进行募捐活动以援助西北地区饥饿的中国人，这项活动受到了一些人的敌视。那时，许多在中国的西方人普遍认为"犹太人等于布尔什维克"。父母经常告诫小伊斯雷尔："我们犹太人是受歧视的，我们决不能再歧视任何

> **爱泼斯坦语录**
>
> 尽管在年轻时没人教我中文，并且不可避免地受到半殖民地环境的影响，但我父母的进步思想对这些影响起到了抵制的作用，对我的世界观起了引导的作用，使我没有被这些影响所淹没。而日本在1931年侵占中国的东北，也使我受到极大的震撼。

人。"10岁时,有一次他看到街上有几个外国小孩在殴打一个中国孩子,他毫不犹豫地挺身而出,帮助那个受欺负的中国孩子。

> **"伊斯雷尔·爱泼斯坦研究中心"成立**
>
> 2008年10月18日研究中心在清华大学新闻学院成立,他的夫人艾黄浣碧女士将爱泼斯坦生前珍藏的6382册西文图书,以及他的著作、照片及手迹等全部捐赠给清华大学。学校还在图书馆设立爱泼斯坦藏书阅览室、在新闻学院设立爱泼斯坦纪念室和爱泼斯坦奖学金。

1931年,伊斯雷尔15岁了,长成了一个富有正义感、同情心的翩翩美少年。他中学毕业后便进入《京津泰晤士报》社当了一名记者。

天津犹太人的昔日生活

在美国哈佛大学举办的"在中国的犹太人"研讨会上,爱泼斯坦这样描述1920年至1937年的天津犹太人生活:"天津犹太人基本的经济来源是做皮毛及肠衣生意。犹太采购员为犹太公司从乡下中国批发商那里买来产品,再由公司将产品出口到纽约、伦敦和莱比锡。

"还有一些犹太小零售商为采购员寻找货源,以此来赚取微薄的佣金。做这些国际贸易的犹太商人,资产雄厚的通过外资银行往来货款,小商人就直接通过犹太人开办的小储蓄信贷所。犹太人受雇于西方大企业,这些企业只当他们为当地雇员,而不是本国雇员,做同样的工作,他们拿到的钱只有西方雇员的四分之三,回家探亲也没有任何资助。

"天津的俄国犹太人最常去的聚会场所是犹太俱乐部(坐落于和平区曲阜道,原建筑已拆除),在那里能够阅读到图书馆订阅的数十种当地和国外报纸。当发生重大国际事件时,犹太人

爱泼斯坦回忆录

见证中国

聚在一起收听一台短波收音机，到公告栏浏览一天两次更新的路透社新闻。俱乐部大厅用来庆祝节日，开音乐会，上演歌剧和公众讨论。犹太人在俱乐部吃喝、交谈、玩牌和下象棋，还能够上不同的短期培训班。我就曾经在那里听过一位以前在莫斯科州立大学做讲师的犹太人讲马克思的政治经济学。

"来天津的犹太人当中，只有很少的上了年纪的人读过大学。他们大多是学医的。因为在沙皇俄国，歧视性的配额限制了犹太人接受高等教育。天津犹太青年除少数家庭有经济能力能够被送到英美求学外，一般上完中学以后都会找份工作，在天津从业。上了年纪的犹太人，甚至没上过大学的，通常都比他们能讲两种语言的子女受教育要强。"

京津泰晤士报馆坐落于现在的解放路，利顺德饭店以北，是一座砖木结构的小楼，地下室作印刷厂，上边是编辑部。这家英国人办的报纸是当年天津三家英文报纸之一，日出20版，在京津两地发行。报馆人手很少，爱泼斯坦从打字、校对、采访、编辑到写社论、拼版，样样都要干，小小年纪就锻炼成了一个全能报人。

1933年末或1934年初，报社将一本书交给爱泼斯坦，要他写一篇评论发表出来，书名叫《远东战线》，作者是埃德加·斯诺。读着读着，爱泼斯坦被该书的内容和写作风格深深打动了。他打听到斯诺住在北京，就在一个周末乘火车去拜访。那时斯诺在燕京大学教新闻学，住在海淀的一所四合院里。爱泼斯坦只有18岁，比斯诺夫妇整整小10岁，但他们很快就成为好朋友。这种周末的拜访成了爱泼斯坦天津生活中相当重要的内容，许多时候，他会在京津之间的火车上度过。

1936年，斯诺在宋庆龄的帮助下秘密采

访红军,10月以后的几个月里,西北之行是他们之间最热烈的话题。斯诺给爱泼斯坦看了许多他拍回的照片,爱泼斯坦还阅读了《西行漫记》的手稿,

爱泼斯坦妻子回忆录

　　犹太人遭受迫害的历史让爱泼斯坦从小就同情遭受列强欺辱的中国人民。日本侵华战争后,他的父母要举家移民到美国,但爱泼斯坦坚持自己留在中国,他说要亲眼看看日本人怎么从中国滚蛋。

这些照片和手稿后来轰动了世界。与斯诺的交往,决定了爱泼斯坦后来生活的整个道路。

在抗日战争烽火中

　　1937年,中国爆发了全民族的抗日战争,随战局变化,爱泼斯坦作为美国合众社的驻华记者,先后到上海、南京、武汉、广州等地采访。特别是在1938年4月,奔赴前线采访著名的台儿庄战役。1939年,他在伦敦出版了第一本著作《人民之战》,向国外真实报道了中国人民奋起抗日头两年的战绩。

　　爱泼斯坦与斯诺一起投身于中国人民的抗日斗争,帮助爱国者和革命者离开敌占区到根据地去。斯诺有时到天津来找爱泼斯坦,让他协助寻找安全的住处并将他们转移出去。1937年5月,邓颖超从根据地经西安到北京西山治疗肺结核。7月,卢沟桥事变爆发,邓颖超以李太太的身份进城,住在地下党员张小梅家里。

不久,斯诺亲自护送她来到已经沦陷了的天津,找到爱泼斯坦协助返回西安。爱泼斯坦安排她住进犹太人常住的泰来饭店,然后买了到烟台的船票,走海路从烟台上岸,安全抵达西安。1981年,年近八旬的邓颖超与爱泼斯坦笑谈那次天津之行,时隔44年,邓大姐对初见爱泼斯坦的情景记忆犹新。

爱泼斯坦是著名记者、作家,著有《人民之战》《中国未完成的革命》《中国劳工状况》《西藏的转变》等许多反映中国革命、建设、改革的新闻报道和专著。他对中国人民有真挚的感情,把毕生精力奉献给了中国的对外传播事业,为增进中外的相互了解和友谊作出了重要贡献。

保盟共事宋庆龄

1938年9月,爱泼斯坦在广州爱国游行队伍中,第一次见到了仰慕已久的孙中山夫人宋庆龄。不久应宋庆龄之邀参加了她在香港创建的保卫中国同盟的工作。这是宋庆龄邀请部分中外著名人士建立的国际性统一战线组织,主要从事战时的医疗救济工作和国际传播。爱泼斯坦在保盟中央委员会负责编辑出版英文半月刊《新闻通讯》,支持世界人民的反法西斯斗争,特别是向世界介绍中国人民抗战的真实情况,以争取国际社会对中国抗战的了解与援助。

突破封锁访延安

1944年,中国抗战进入第七个年头,这是十分艰难又显露胜利曙光的时刻。这年5月,中外记者团突破国民党的多年封锁访问陕北。爱泼斯坦作为美国《联合劳动新闻》《纽约时报》《时代》杂志的记者参加了记者团,深

爱泼斯坦报道台儿庄战役

它是华北、上海和南京沦陷以后,中国在正面战场上从敌人手中收复的第一个城镇。它大大鼓舞了全中国和全世界的人民,使他们相信中国和中国人民有决心战斗下去,并且有能力取得胜利。

入延安及晋西北采访。他访问了毛泽东、朱德、周恩来等领导人,以及许许多多为抗战而奋斗的军民,写了十几篇通讯,在国外重要报刊上发表,向全世界报道了中国共产党领导中国人民抗战的真实情况。

第三节　犹太老兵对中国的贡献

致力传播新中国

1945年至1951年初,爱泼斯坦在美国担任《联合劳动新闻》总编辑,妻子邱茉莉主办进步月刊《聚焦远东》。他们夫妇不顾美国反动势力的迫害,积极投入反对美国干涉中国内政、增进美中两国人民友谊的进步活动。新中国成立不久,1951年他们应宋庆龄之邀回到中国,参与创办了对外英文刊物《中国建设》杂志(今更名为《今日中国》),为执行编辑。后于1979年被任命为杂志社的总编辑、名誉总编辑。

几十年来,《今日中国》已发展成为有中、英、法、西、阿等多语种文版的综合性月刊, 他为这本杂志的不断改进与发展倾注了大量心血。他在"文革"动乱期间, 也蒙受过冤屈,被囚禁狱中五年,但他没有动摇过对中国革命的坚定信念。1973年初,获平反回到工作岗位后,他依然满腔热情地投入中国的对外传播事业。作为记者,他仍然追踪与记录新中国和世界的变迁。

中国就是我的家

在改革开放新时期,他作为

中国人民政治协商会议常委,参与了参政议政活动。他珍重友谊,积极开展国际友好交往活动。特别是1981年宋庆龄逝世后,他更致力于传承宋庆龄的精神与事业,热情支持中国福利会(前身是保卫中国同盟)及宋庆龄基金会的工作。他受宋庆龄生前的嘱托,于1992年完成传记《宋庆龄——二十世纪的伟大女性》。

1985年4月20日,为祝贺爱泼斯坦70大寿和在中国工作半个世纪,在人民大会堂为他举办了庆祝活动,邓小平等中央领导人亲临祝贺。1995年,当时的中央领导人江泽民、李瑞环也亲临祝贺他80寿辰。90岁的时候,中共中央总书记、国家主席胡锦涛、国务院总理温家宝也曾亲切地问候他。

2004年,高龄的爱泼斯坦以惊人的勤奋与毅力完成了《见证中国——爱泼斯坦回忆录》一书。他说:"在历史为我设定的时空中,我觉得没有任何事情比我亲历并跻身于中国人民的革命事业更好和更有意义。"

2005年4月17日,国家主席胡锦涛来到爱泼斯坦的家中看望他。同年5月26日,爱泼斯坦因病医治无效在北京逝世,享年90岁。夫人:邱茉莉(已故),黄浣碧。有两个养子,女儿艾颂雅,儿子艾颂平。

第四节　忆爱泼斯坦

又是一个深秋的季节,金黄的柿子挂满了枝头。万泉河畔一套公寓里,一把坐了30年的藤椅摆放在客厅中央,浅黄色花边坐垫铺在上边,似乎在等待着它的主人。

两边高大的书架像被掏空了肺腑一般,显得空荡荡的。"藏书都捐赠清华大学了,这是艾培的遗愿。"爱泼斯坦老伴黄浣碧轻声说。

艾培,伊斯雷尔·爱泼斯坦再也不会回来了。他去世了。我坐在小木圆桌旁,抚摸着温润的桌面说,"15年前,我第一次见到艾培,那时你们住友谊宾馆,

> **爱泼斯坦笔记**
>
> 我从小在中国长大,和这块土地、这里的人民建立了深厚的感情。这里有我无数的朋友和同志,有我的事业。中国就是我的家。我已经亲眼看到中国人民革命的胜利,还要亲身投入到建设新中国的行列中去。

就有这张老桌子! 见到这些老家什,真像见到了爷爷奶奶。"

黄浣碧笑了。那是1995年2月一个傍晚,《今日中国》杂志编辑老王与我一起去艾培家。进门时,艾培与老伴正在吃饭,小菜两三碟。老两口放下碗筷,起身迎接我们。

爱泼斯坦是矮个子,体魄敦实,身穿驼色毛衣;头顶的花白头发,只有稀稀拉拉的几根。再过两个月,他就八旬高龄了。老人向我伸出手来,"何雁同志,你好! "我的右手被一把"铁钳"握住了,温暖而有力,给人以坚定信心。"艾老,您好! "我羞怯地说。"你是南方人。"老人白眉毛下一双蓝眼睛,闪烁着睿智光芒,"我想,你是上海或是周边地区的人。"

我们在沙发落座,爱泼斯坦自己坐木椅,倚靠在小木圆桌旁。客厅小巧典雅,一排中式木柜雕刻有梅花图案,陈列着中国工艺品。墙上悬挂着刘志丹在陕北的大幅木刻。门楣上,高悬着毛泽东半身石印肖像,纸张已泛黄,"毛泽东"三

个遒劲大字清晰可见。那是1944年爱泼斯坦随中外记者团访问延安，毛泽东亲笔签名赠送给他的。

"那时候还没有何雁同志呢。"老人笑了，我也笑了。爱泼斯坦1915年出生于波兰华沙一个犹太人家庭，两岁随父母来到中国。他15岁开始记者生涯，受美国记者斯诺影响，走上支持中国革命的道路。之后数十年，中国实际上成为他写作的惟一主题。从思想感情上讲，他是一个淳朴的中国人。

爱泼斯坦说中国话不怎么流畅。听说我学过英文，便鼓励我说英文。望着老人慈祥的面容，我最初的羞怯感竟一扫而空，大胆用英语做了回答。"老太太，"爱泼斯坦招呼着老伴。黄浣碧端来茶水，在小木圆桌旁的空椅子上坐下了。"艾培，你写《宋庆龄传》，可是完成了一项大工程啊。"编辑老王说。"有一段时间，他经常到宋庆龄故居写作。"黄浣碧插话道。

爱泼斯坦第一次见到孙中山夫人宋庆龄，是在1938年"九·一八"国耻日。那一天夜晚，成千上万的广州市民冒着被日机袭击的危险，打着火把在街上游行示威。宋庆龄走在游行队伍的最前列。

"她又勇敢、又漂亮。"2004年11月19日，我最后一次见到爱泼斯坦，老人深情回忆道，"她外表柔弱，内心坚强。她一是原则性很强，二是非常谦逊，即使是年轻人和地位不高的人，同她在一起也不感到拘束。有的人第一次见她有一点不自然，什么话都不敢讲，但是5分钟过后，就放松了。"

在香港，宋庆龄邀请爱泼斯坦参加保卫中国同盟中央委员会，编辑英文出版物，帮助她争取全世界对中国抗战的援助。保盟人数不多，却充满朝气。爱泼斯坦年龄最小，刚过

23岁。宋庆龄那时只有45岁，大家把她当作慈母一般看待。

"新中国成立后，您与妻子邱茉莉应宋庆龄邀请，从纽约回到中国，参加

《中国建设》(现名《今日中国》)的创办。最初编辑部在北京连办公室都没有，创刊号设计工作是在中山公园一条长凳上进行的。"我说。

"那时候我还没有来，准备工作就已经开始了。我是1951年夏天来的，1952年底出杂志，当时只有英文版双月刊，北京还没有外文印刷厂，是在上海印刷发行。"爱泼斯坦回忆说，他与邱茉莉每隔一个月就要到上海看清样，坐火车往返颠簸就是4天4夜。

爱泼斯坦写作或改稿，十分专注，坐在他不远处，连呼吸声都能听到，空气似乎凝固了。手头工作告一段落，他从口袋里摸出烟斗，讲上几个笑话，爽朗笑声经常从他的办公室里"爆发"出来。

"小鸭子赶下水，自己就会游泳。"爱泼斯坦主张年轻记者在新闻实践中锻炼。"您讲过，对外报道要从生活入手，用事实说话。这对我以后的写作有很深影响，谢谢您。"我说，"您还讲过，中国开拓新的道路没有经验，难免要犯错误。我们应该既报喜也报忧，这样才令人信服。"

"对。"爱泼斯坦答道。怎样才能把对外新闻写"活"？首先是稿件中"见人"，要从人的角度、生活的角度处理题材，使新闻现场活动着的人"站"出来。"见人"的另一方面，就是"见人情"，以人情叩击读者心弦，才能引起共鸣，

印象最深刻的访问

在中国的采访中，令我最难忘的是1944年初夏的延安之行。因为这是影响我一生走上革命道路的一次重要访问。我看到中国的未来，当时我就坚信反动派不能统治中国，新中国一定会在中国共产党领导下产生。

从而有利于增进了解与友谊。

爱泼斯坦说，我们的杂志为宋庆龄创办，从一开始就以与美国人民建立联系为己任。那时候，情况要比现在困难得多。朝鲜战争正在进行，中美没有外交关系，美国政府禁止杂志进口，除非收件人在文件上签字声明要读这个"共党宣传"。尽管如此，我们还是建立了联系，帮助改变了这种敌对形象。

"我们不必回答每一条谏言，要在根本问题上下工夫。我们必须突出长处，学会用新颖活泼的手法去做，而不是'开中药铺'，或翻来覆去老一套。"上世纪80年代，爱泼斯坦策划了"中国人的一天"、"从孩子到老人"等系列报道，反映普通中国人的生活，许多国家的读者纷纷来信称赞。

时光回转到1995年那个冬天。"爱泼斯坦，我最近去西藏采访收获很大。回来后，都说我一下子老了5岁！"老王呵呵笑着。"那么我老20岁！因

为我去了4次！"老人兴奋得要从椅子上蹦起来了。爱泼斯坦第4次进藏年已七旬，前后历时30年，采访笔记逾百万字，最终写成《西藏的转变》一书。

70多年来，爱泼斯坦的采访笔记装了好几大木箱。书房里，老式打字机退休了，让位给了现代化电脑。他自嘲，我一坐到电脑前，就有一种感觉：嗨，史前"恐龙"又来追赶现代化了！也许人老了，学新东西速度慢了，电脑也跟我"捣乱"，它替我省时间的同时，也从我这里偷走了时间。

写《宋庆龄传》时，曾有3次写好的材料在修电脑时丢失，爱泼斯坦长叹一口气："我要上吊了！"每次，他又打起精神，重新写作。"我70岁第一次尝试写人物传记。"他花费10年心血，才完成了宋庆龄的嘱托。

爱泼斯坦与宋庆龄的友谊长达近半个世纪。"文革"动乱曾使他们失去联系，宋庆龄1967年寄出贺年片后，就不知爱泼斯坦夫妇的下落。实际上，他们受到迫害，无辜被关押5年，直到1973年才得以平反，周恩来代表中央向他们道歉，他们感动得热泪盈眶。"当初听说他们'背叛'了我们，我就不相信……"宋庆龄给友人的信中写道。

1973年6月和9月，宋庆龄写信给爱泼斯坦夫妇，流露出深厚友情："在前几年里，我几乎时时在想念你们。"以后的联系一直没有中断过。两年后，宋庆龄在1975年5月给爱泼斯坦的一封信中，嘱托在她身后为她作传。"我只信任艾培来做这件事，因为他比别人更了解我。"

人民外交是宋庆龄的主要工作之一，她与许多外国友人的联系长达数十年之久。艾培说："人民友谊有它的今天，各国人民间的接触正在增长，了解人民友谊的历史与根源有助于建立今天的人民友谊。人民友谊有它的未来，它将由中国人与外国人的子孙后代去加以发展。"

爱泼斯坦提到，当前改革开放，要注意到经济战线方面，

从延安寄给当时妻子邱茉莉的信

他们充分相信，他们代表中国，代表中国的未来。他们并不这样说，但从他们充满自信的语言和行动中，从他们的每一次微笑和表情中，都可以清楚地看到这一点。我已经实实在在地深信，延安是中国未来的缩影，在下一个十年里将证明这一点。

有的国际友人帮助中国人民的经济建设与独立。他把这些国际友人的事迹比作新中国扩大国际交往的种子，我们要注意培养这些种子，使之发芽、成长、壮大。

"现在每天怎样安排生活?""我不安排生活,我安排工作。生活我没有什么大问题。""身体还行?""反正不如以前了,"老人紧握我的手做了一个掰腕子的动作,"你看还有劲吧?""艾培,你能活100多岁!""那不一定。"这是我最后一次见到老人。

2002年爱泼斯坦因结肠癌住院手术,出院后,身体虚弱,勉强支撑着写回忆录,进度很慢,他以惊人毅力,总算完成了人生最后一本著作。《见证中国》2004年出版后,一年之内再版3次,年轻读者占了很大比例。

爱泼斯坦看问题从来站在历史发展的高度,把中国放在整个世界来加以考察。最后一次谈话中,他说,"你看我们杂志最近一期,介绍中国百万富翁有多少,好像这是社会一大进步,我看,百万富翁多不多,不是衡量进步的标准,改善多数人民的生活才是一个真正的事情。"他语气加重了,"百万富翁是一个事实,但不是衡量进步的一个事实。"

爱泼斯坦说,如果宋庆龄还活着,看到中国建设得那么好,经济发展得这么快,她一定会特别高兴。"但我想,有一件事她一定不高兴,那就是两极分化。"要注重对青年人进行正确世界观与生活方式的引导,这也是宋庆龄一贯倡导和重视的。"面对问题要看,不要不看。"艾培对我说。

邱茉莉去世后,爱泼斯坦与黄浣碧结为夫妻。遗憾的是,爱泼斯坦90岁生日庆典,我没能参加。父亲病重住院手术,命在旦夕,我赶回老家杭州,陪伴在他的身边。一个月后,爱泼斯

坦去世消息传来时,我在医院往爱泼斯坦家打去电话,电话那头传来黄浣碧的哭声。失掉相濡以沫20载的老伴,怎么不悲伤!

临走时,黄浣碧往我口袋里装了两个金黄的大柿子,加一瓶自制山楂酱,甜甜嘴、暖暖心。"艾培最喜欢跟年轻人在一起了!"她拥抱了我,"你想吃包子,就过来吧。"柿子树的枝头挂满了果实,在夕阳下,闪烁着迷人的金黄色。

第五章　新闻界速写手元老

　　她在23岁的时候登上人民空军的飞机，参加了开国大典的空中采访，接受了开国领袖的检阅；同时又不愧为朱自清先生的弟子，文笔清新朴素；她还是一个新闻速写和人物专访写作高手，在40余年的记者生涯中笔耕不辍，佳作频出。她就是陈柏生，人民日报高级记者。在很多大学新闻学院的课堂上，讲人物专访时，至今不得不提的名记者当中就会有她。

第一节　人物解读

个人简介

　　陈柏生，笔名柏生、肖柏、柏子等。女，安徽安庆人。1946年加入中国共产党。1943年毕业于清华大学中文系。同年赴晋察冀解放区。历任新华通讯社北平分社、华北总分社编辑、记者，《人民日报》编辑、记者，中华全国新闻工作者协会特邀理事。擅长采写人物专访。

著有作品

　　《笔墨春秋三十年》《柏生新闻作品选》《柏生专访

集》《晚晴集》《王若飞的故事》《文泉集》《新旧协和》《心笔春秋》等。报告文学《竺可桢》获1978年全国报告文学奖,《卢嘉锡》获1979年全国科星奖。

第二节　笔耕不辍　佳作频出

万里云山如画　千秋笔墨惊天

她在23岁的时候登上人民空军的飞机,参加了开国大典的空中采访,接受了开国领袖的检阅;同时又不愧为朱自清先生的弟子,文笔清新朴素;她还是一个新闻速写和人物专访写作高手,在四十余年的记者生涯中笔耕不辍,佳作频出。她就是陈柏生,人民日报高级记者。在很多大学新闻学院的课堂上,讲人物专访时,至今不得不提的名记者当中就会有她。

见到陈柏生时,她坐在客厅的沙发上,穿着暗红色的毛衣,虽然有白发,但是梳得整齐,老人指指沙发,示意我坐下,茶几上是她的几本文集。和蔼、安静,是这位出生于1926年的老人给人的第一感觉。

采访开国大典的《人民日报》记者之一

1949年10月1日那个激动人心的日子,陈柏生说自己是当时《人民日报》社派出的采访的同志之一,虽然那么多年过去了,她的语气和神色中还是透着几分自豪。她说本来当时还有一位同志要参加,后来因故没有去成。很多年后,这位同志还在感慨当时很遗憾没能参加开国大典的报道。

我向老人追问更多关于开国大典的细节,她为我找出

《人民日报》

它是中国共产党中央委员会的机关报。人民日报为中国第一大报,是中国最具权威性、最有影响力的全国性报纸。报纸及时准确、鲜明生动地宣传党中央精神和中国政府最新政策、决定,报道国内外大事,反映最广大人民群众的意愿和要求。

了自己在十年前,也就是1999年曾经写下的一篇文章《我参加了开国大典的空中采访——难忘的历史画卷》,她说,这里面写过很多,年纪大了,记忆力不如从前,很多细节可以从以前写下的报道中去寻找。

我打开她递过来的文章,开头这样写道:"我永远忘不了1949年10月1日,中华人民共和国的伟大诞生日!作为人民日报一名年轻的记者,一清早我穿上了崭新的银灰色列宁服,把白色衬衫的衣领翻在制服外,梳好了两条小刷辫,挎起绿色帆布包,里面装好了我的采访本、笔和稿纸,高兴地乘车来到南苑机场,同我们的空军战斗员和机群一起参加开国大典的隆重阅兵典礼。"

她说当时自己还很年轻,写东西很快,一听说要采访开国大典很激动,时间紧任务重,而且稿子马上就要写,也没有很多的时间能做准备工作。一整天的采访很紧张,"从机场回到王府井大街人民日报社,已是傍晚。顾不上吃饭,就匆匆拿出采访本、笔和稿纸,伏案奋笔疾书。当时就是想把现场亲眼目睹的感人事物和情景,都一一真实地写出来,为人民留下开国大典领袖和人民隆重检阅祖国空军飞行队伍的珍贵见证——《飞行在首都的上空》这篇速写。"通过她的叙述与记述,开国大典那天紧张的采访写作过程生动地进行了还原。

抬头再看对面的老人,60年,从二十多岁风华正茂到如今已是耄耋之年,岁月无声地留下了痕迹。她静静地坐在我的对面,当年激动人心的难忘经历已经化为无声的历史

情怀。我们常说,新闻是在记录正在发生的历史,而陈柏生无疑在历史和新闻中找到了钥匙,用自己的新闻作品成为历史的记录者、见证人。

朱自清先生的女弟子

陈柏生有着令人羡慕的求学经历,1943—1946年在西南联大中文系学习,1946年至1948年在清华大学文学院中文系学习,毕业。在校期间曾受到朱自清等多位先生的亲切教诲。

当我问老人,朱自清先生是她以前的老师,陈柏生连用了三个"对,对,对"来回答,"朱先生个子不高,和我差不多",她还用手势比了一下。

> **人物简介**
>
> 朱自清(1898—1948),现代著名散文家、诗人、学者、民主战士。其散文朴素缜密,清隽沉郁,语言洗炼,文笔清丽,极富有真情实感。以独特的美文艺术风格,为中国现代散文增添了瑰丽的色彩,为建立中国现代散文全新的审美特征创造了具有中国民族特色的散文体制和风格;主要作品有《雪朝》《踪迹》《背影》等。

"我非常尊敬朱先生",在对话中,她还用了"敬爱的"这个词来形容朱自清先生。"当时我在清华求学,朱自清正好是系主任。他不仅课教得好,而且平易近人。"陈柏生的印象中,当时大家都住在学校,学习生活在一起,朱先生经常跟大家一起聊天,没有一点名师的架子。

谈到老师对她写作道路的影响,陈柏生说,朱先生挺喜欢作为学生的自己,经常会给一些题目让写"命题作文",那时候学生的练笔文章写的不长,通常多是1000多字,朱自清先生经常亲自指导修改。

我问陈柏生最为欣赏的朱先生作品是哪一篇,

她说:"朱先生的佳作真是很多。这太难说了。"虽然没有得到渴望的答案,但是从她眼神中流露出的尊敬与怀念让人难忘。

就像读到她的新闻作品一样,在她的描述中,朱自清——这位曾经用《背影》的真情深深打动过我们、用《荷塘月色》的优美感染过大家的散文大家,以慈祥、敬业的老师形象,顿时从课本的纸上跃然眼前。

写就一代科学家风华

"凡是能够采访的都基本都采了,没有能采访的,也都过去了。"陈柏生这样概括自己的人物专访经历。

柏生的新闻作品,以人物专访见长,其中许多作品是写科学家的,我和老人一起翻开《柏生专访集》《柏生新闻作品选》,看到她用笔记录下的李四光、钱学森、钱三强、华罗庚、竺可桢、高士其、严济慈、茅以升、童第周、林巧稚、卢嘉锡、梁思成……

因为年轻时爱好广泛,尤其是喜欢文学和科学,加之借助当年住在清华大学的优势,陈柏生说"差不多采访过当时所有很有名的科学家,其中的

很多人一直都记得她。"她把这些人物的命运与整个社会大背景结合起来，以人生为写作的出发点和归宿点，使作品具有长久的生命力，展现了一个时代知识分子的精神风貌。

我不免好奇，采访这些大科学家会不会觉得很紧张，基本上都是当时国内诸多领域一流的专家，她一下子笑了，有一点迟疑，顿了一会，说，"还是多少会紧张的，到底是老师，都是名师。"

再次听到"老师"这个词从老人口中说出，让人心生敬意。之前看到有学者这样评价她——名记者柏生，由于自己的经历和所受的教养，使她了解知识分子，尊重知识分子，和知识分子广交朋友，所以，许多著名的专家学者都成为她的专访对象——真是所言不虚。

令人尊敬的老师

说起她的代表作，不得不提的就是《写在绢帕上的诗》，这篇以情动人的人物专访，透过邓拓赠送丁一岚的两首写在绢帕上的诗，深情地记述了他们既是战友又是情侣的崇高感情。记述了他们在不同的战斗岗位上互勉互励，互敬互爱，在战争严峻的考验中结下了忠贞不渝的爱情。

邓拓曾经赠言柏生"万里云山如画，千秋笔墨惊天"，于是我们的话题转向了邓拓。她说，"邓拓当时工作很忙，有时间的时候，我会去他家登门拜访，与邓拓的夫人丁一岚也很熟悉。"

陈柏生曾说过："专访中，记者可以出面，作为见证人，把读者带到现场，结识人物，了解事件；可以在文章中勾画人物外貌、神态、衣饰、动作，描写人物对话，以及周围的环境；也可以写自己的思想、感情、见解，写得情景交融，使人一路读来，如临其境，如见其人，如闻其声。"

关于创刊

1948年6月15日，中共华北中央局机关报暨代中共中央机关报——《人民日报》创刊。它是由中共晋冀鲁豫中央局机关报——《人民日报》与中共晋察冀中央局机关报——《晋察冀日报》合并而来的，而《晋察冀日报》又是由中共北方局北方分局机关报——《抗敌报》改名而来。

　　她是那么说的，也是那样做的。半个多世纪的烟云散去，现在已经很难再通过老人的描述，找到更多关于邓拓的细节，但是她的经验之谈和代表作品，不仅为我们勾勒出这位令人尊重的报人清晰的影像，而且也把宝贵经验传授到新闻后辈。

　　作为"老师"的名记者陈柏生，一直是一个新闻人，尽管如今已经83岁高龄，她说自己"一直坚持看报，也看杂志，也喜欢看电视。"

　　顺着这个话题向下，我追问老人上不上网，她带着疑惑地说，"那我就不知道了"。我向她介绍说现在的人民日报，不仅有报纸，还有网站了。用电脑就能上网看到报纸了。她说，现在媒体都进步了，你们现在肯定比我们那时候方便多了。

　　这就是时代的进步，从老人采访开国大典时用的"采访本、笔和稿纸"到我们今天在电脑前用键盘运指如飞的写稿，其实可能就是老人所说的"进步"这个词，很朴素但是很准确，"千秋笔墨惊天"中所寄予的新闻理想也在不断延续。

　　一个小时的谈话不知不觉中过去，我拿出相机想给老人拍张照片，她说，"不拍了，人老了"。但在再三请求下，还是同意拍了一张。拍照时，我从相机取景框里再看眼前这位老太太，连同她身上所沉淀下的历史，给人感觉的感觉是两个字——尊敬。

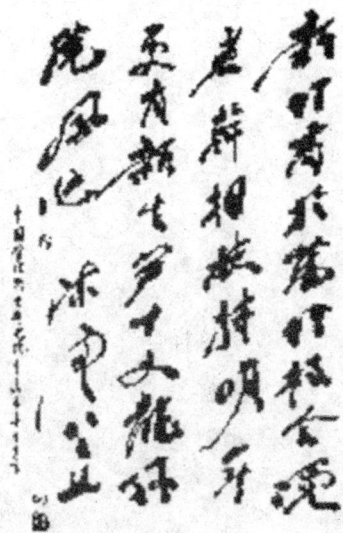

第六章　新媒体的一代豪杰

人物传奇

　　他作为中国互联网的拓荒勇士，直到今天引领互联网巅峰的时代豪杰，这期间已经涵盖了跋涉互联网巅峰的风雨历程！凭着丰富的职业经验，坚定的创业信念和对事业的执著，赢得了足够的注意力，成为国产门户网站的一代"盟主"。他是很多创业者崇拜的偶像，他"在太阳下一夜暴富"的传奇创业故事更是被人们津津乐道——他就是张朝阳。

第一节　人物解读

个人简介

　　1964年张朝阳出生于陕西省西安市，后来到美国求学，毕业于美国麻省理工学院。1981年，17岁的张朝阳考上了清华大学物理系，他的理想是做一个陈景润式的人物，关在只有一盏小煤油灯的屋子里解数学题，一整天只吃一个冷馒头。1986年，22岁的张朝阳考取了李政道奖学金。年轻时代的张朝阳热爱文学，此时的他仍保留着阅读小说的习惯，张朝阳曾骑着自行车去看《北方的河》中写过的永定河。之后张朝阳的敏感、自省，他的英雄主义情结都能从中找到根源。

　　14年前，一个年轻人揣着梦想，乘坐地铁越过查尔斯河，来到美国波士顿政府中心,注册了一个叫Internet Technologies China的公司。两年后,这家中文名为爱特信的公司正式更名为搜狐。他就是张朝阳。

人物履历

1993年底,张朝阳在美国麻省理工学院(MIT)获得博士学位,并继续在MIT从事博士后研究;

1994年任MIT亚太地区(中国)联络负责人;

1995年底回国任美国ISI公司驻中国首席代表;

1996年在MIT媒体实验室主任尼葛洛庞帝教授和MIT斯隆商学院爱德华·罗伯特教授的风险投资支持下创建了爱特信公司,成为中国第一家以风险投资资金建立的互联网公司,这是搜狐的前身。

2008年度,搜狐实现总收入4.291亿美元,净利润1.693亿美元。2009年第一季度,搜狐的总收入为1.157亿美元,同比增长36%;净利润为4,460万美元,是上年同期的2.1倍。2009年第二季度总收入1.271亿美元,较上年同期增长25%。

对于搜狐企业今天的成功,张朝阳认为关键是自己"本土化"战略的成功。"我其实是个老谋深算的人。"张朝阳说,对危机的敏感和对细节的重视,使得他能够规避掉大多风险,所有这一切得益于"忍字诀"——"忍特别重要,不能意气用事"。他还曾发烧咬牙答风险投资问题。

人物荣誉

1998年10月被美国《时代》周刊评为"全球50位数字英雄"之一;

1999—2001年被《中国青年报》连续三年评为"年度IT十大风云人物"之一;1999年7月被

《亚洲周刊》选为封面人物；2001年5月7日，被《财富》杂志评选为全球二十五位企业新星之一；同年，被世界经济论坛评为全球"明日领袖"之一。

2005年1月5日，搜狐公司举办的"2005·中国新视角"高峰论坛在京隆重召开。论坛探讨了2005年中国社会和经济在国际化、未来发展和转型期间的诸多问题。搜狐董事局主席兼CEO(首席执行官)张朝阳发表了精彩的演讲。

2008年第四届中国传媒创新年会上，揭晓了年度传媒领军人物、创新人物、十大创新媒体等评选结果，入围"十大传媒领军人物"。

2010年入围"免网杯"中国文艺网络奖(中国网络代表最高荣誉)。

张朝阳登山

2002年10月5日14时55分，在海拔5355米的四川四姑娘山雪山大峰顶峰，搜狐掌门张朝阳和万科老总王石，成功会合。

2003年5月，为纪念人类成功登顶珠峰50周年，搜狐公司冠名"2003中国搜狐登山队"成功登顶珠穆朗玛8844.43米顶峰。并实现对整个登山活动的全程彩信直播报道。5月5日，中国搜狐彩信报道组在珠峰海拔6666米拍下彩信。张朝阳在珠峰登上了海拔6666米的高度。

2003年10月，张朝阳参加

"激情攀越2003哈巴雪山登山大会",登顶海拔5396米的云南哈巴雪山。

2005年7月24日,张朝阳率孙楠、李冰冰、高圆圆、姜培琳等明星组成的"搜狗美女野兽登山队"登上了海拔6026米的西藏启孜峰。2007年与2008年又分别登上了玉珠峰和唐拉昂曲峰。

张朝阳讲话

互联网可以说是走过了第一个十年,在第一次浪潮1996年萌动到1997年开始形成商业模式的探索到1998年、1999年高潮,这是第一个浪潮,产生了相当多的企业,当然有很多很多企业失败了。

比较幸运能够捷足先登获得资本市场青睐的只有三大门户,稍微晚一些可能机会少一些,但是也能够产生一些企业。

经过多少年以后或者七年以后,六年以后,最初的三大门户形成相当的规模,有了足够的资金在品牌上获得发展。第二次资产浪潮到来以后,1998年、1999年产生的大批企业死亡了,但是剩下的几个顽强的,除了三大门户以外还有一些顽强的企业一直活下来,终于迎来资本市场第二次浪潮,第二次浪潮可以说是资本市场的第二次浪潮。

但是互联网的应用和实践网民数量越来越多,每个人上网的各种行为从简单的读新闻到发邮件到年轻人上网有多种多样跟互联网的亲密接触,这是市场上的进展。

活下来渡过资本严冬的企业现在逐渐融得大量风险资金获得上市,表现出来的就是资本的第二次浪潮,中国互联网企业突然有了很多钱,商业模式比较清晰,但很多方面还需要探索。

这样重要的场合里,张朝阳这样一番讲话是具有象征意义的。至少在最清楚公司运营情况的张朝阳自己看来,他已经坐到

> **张朝阳名言**
> 如果搜狐网页出了问题,我当时可是连夜跑到西单的中国电信摆弄服务器,我会连夜睡不着觉,干这件事,因为我是商业公司,不能出错,但很多信息中心的网站就不会去管这些事。

了成功者的交椅上,有资格总结历史,展望未来,平静地讲几句业界的宏观话题。

社会职务

中华全国工商联第九届执行委员会委员;

北京市工商联执委;

"奥尔布赖特全球发展趋势调查委员会"顾问董事(由美国前国务卿奥尔布赖特女士创办);

中国光彩事业促进会常务理事;

中国互联网协会副理事长;

欧美同学会商会副会长;

福特汽车环保奖执行评委。

第二节　攀登互联网巅峰的风雨历程

立志出人头地

张朝阳的成长经历中,1986年是一个分水岭,他考上李政道奖学金,赴美国麻省理工大学学习。张朝阳从小就不安分,爱幻想,不甘落后,对很多东西感兴趣。他学过画画,做过飞机航模、拉过二胡,尤其喜欢看《水浒》。他喜欢看那些自学成材的故事,读《哥德巴赫猜想》,并暗立志向:要

> **张朝阳名言**
>
> 决定一个公司成败的有很多因素，那具体到瀛海威来说，可能它的股权结构有问题，股权结构不适合创始人非常自如地作出正确的、长线的策略决定。另外也跟创始人对于互联网这项新技术产生的商业模式的把握和理解能力有关。

好好念书，将来出人头地。中学时代，张的理想是当物理学家，认为只有获得诺贝尔奖，才能成就一番大事业。这是他考取清华大学的直接动力，也是他考取李政道奖学金的直接动力。

从陕西西安到北京，从北京到美国，故乡渐行渐远，理想渐行渐近。人生的转折和变化成为一种标志。而今天的张朝阳，就是理想变化的结果。1993年，在麻省理工学院念了几个月的物理学博士后之后，张朝阳突然感到学了很多年的物理学并不太适合自己。"在物理实验中，我发现，我是个操作型的人，特别注重结果，不能容忍搞一套理论，而这套理论要在100年之后才能得到验证。"与此同时，张朝阳看中了和中国有关的商务活动，他很幸运地在麻省理工学院谋得了亚太区中国联络官的角色，这个角色让张朝阳有机会频频回国。

自信自强的创业激情

1995年7月，张朝阳突然有了回国创业的强烈念头，美国随处可见的"硅谷"式创业更是激起了他的热情。他清楚地认识到互联网经济极为惊人的商业和社会价值，于是下定了创业的决心。当他看到互联网的机遇时，感觉到应该是创业的时候了。张朝阳联系到了ISI(文献检索)公司，想做ChinaOnline(中国在线)，用互联网搜集和发布中国经济信息，为在美国的中国人或者对中国感兴趣的人服务。ISI总裁当时和张朝阳的想法相近，两人一拍即合，于是融资100万美元，张1995年底以ISI公司驻中国首席代表身份，开始用互联网在中国收集和发布经济信息，为华尔街服务。

在ISI的经历，张朝阳觉得中国互联网的市场潜力巨大。1997年1月初，ITC网站正式开通，可是到了年底，第一次融资得来的18.5万美元所剩

无几，快到了连工资都开不出来的地步。迫不得已，张朝阳向他的投资人发出了紧急求救，三位投资者再次为张朝阳提供了10万美元的"桥式"贷款。

1998年2月，张朝阳正式推出了第一家全中文的网上搜索引擎——搜狐(SOHU)。1998年3月，张朝阳获得Intel等两家公司210万美元的投资，他的事业开始蒸蒸日上，1998年9月，搜狐上海分公司成立，1999年6月组建搜狐广州分公司。2000年搜狐在纳斯达克成功上市，并购了中国最大的年轻人社区网站Chinaren(中国人)，网络社区的规模性发展给门户加入了新的内涵，使之成为中国最大的门户网站，奠定了业务迅速走上规模化的基础。

张朝阳不适时机地进行了一连串大手笔的动作，让搜狐出现在更多的地方。他及时判断出短信对互联网的巨大利益，并且尝试着把它作为一个能与互联网紧密结合的产业来运作。2001年耗资百万成就"搜狐手机时尚之旅"，张朝阳亲自出现在首席形象代言人的位置上，这在风风雨雨的互联网世界，确实收到了空前的效果，树立了搜狐人的信心。2003年春夏之交，搜狐再次给网络界带来一次惊喜：搜狐登山队攀登珠穆朗玛。在互联网正全面复苏的时候，在Sars

肆虐人类的时候,他想证明搜狐的勇气,并宣告搜狐的理想。

2002年7月17日,搜狐率先打破中国互联网的僵局,实现赢利。在面临新浪和网易的竞争、选择搜狐的赢利方式时,张朝阳每天工作八九个小时,周末休息。有时候周末有各种活动,也是跟公司相关的。2003年,搜狐捷报频传,2月25日搜狐推出韩国游戏《骑士》进军网络游戏;在2003年上市公司中国科技人物财富排行榜上张朝阳仅次于丁磊屈居亚军;在胡润制造的2003年中国IT富豪五十强中张朝阳亦名列三甲……

"广告市场基本上这两年网易没有份了,和新浪在广告方面一个是媒体方面内容处理方面的竞争,另一个是广告销售队伍能力的竞争,在非广告方面和新浪基本上没有什么竞争,因为在这些方面新浪已经不是对手。"在潜意识里,张的战略是先将网易清除出局,然后再对新浪打歼灭战。

新锐张朝阳的背后

2001年3、4月间,搜狐股票率先跌破一美元。那时没人再看好搜狐,媒体和个别网站对搜狐和张朝阳的质疑像子弹一样打在搜狐的脸上,因为一美元的搜狐有要被Nasdaq摘牌的危险。张朝阳说:"我还可以用公司的现金回购股票,或者两股并一股、三股并一股。"

不论张朝阳有什么妙计来解困,当时的困境的确非常严重。张朝阳自己也正是在这种困境下锤炼了自己。张朝阳现在坦然地承认,有一段时间,搜狐的产品其实是愧对大众的。1999年到2001年,中国的互联网市场进入高潮时,搜狐这个老牌子其实在原地踏步。用张朝阳自己的话讲,那是一段长征。没有队伍,管理就张朝阳一个人强撑着。董事会也出了问题。张朝阳描述自己当时的境况是,30%精力应付董事会,

> **张朝阳名言**
>
> 门户本来是一个入口,后来变成居住地,这就是中国门户的可怜。跟雅虎等等完全不一样,这个就是中国特色。我打一个比方,人们去美洲新大陆登陆了旧金山,或者纽约,本来想探索这个大陆,后来发现往内地走太艰难,干脆在沿海的港口建立一个城市,成了门户。

40%精力应付媒体，只有另外30%精力用在产品上。张朝阳在极为艰难的处境下，大搞品牌经营，保持了搜狐表面上的风光，使搜狐得以发出持续的声音。2001年到2004年，张朝阳号称用"中医的方式"调整好了搜狐的严重问题，一直发展到目前的最佳状态。

张朝阳把自己走出困境并持续快速发展的原因，归结为自己和搜狐公司所具有的较强的反思能力。正是这种反思能力，在初期的失败中很快发现自己的队伍从董事会到管理层都存在"太洋"的毛病。在品牌营销颇有些成绩的状况下，他们检讨自己长于营销，产品不够好的毛病。这种痛切的反思，用张朝阳的话说，就是"跳出自己成长的经历，变成一个全才"。每个人都有自己特殊的成长经历，这必然导致认识上的偏颇，只有不断调整自己，不断用第三只眼睛看自己，对一切都心存敬畏，诚惶诚恐，才能跨越自己的人格障碍，达到宠辱不惊，从而举重若轻。张朝阳告诉记者，在表面的张扬之下，他其实非常谨慎、务实，他并不相信市面上任何主流的说法，只盯着自己的脚下，过草地一般试探着，实践着，分析着。

曾几何时，媒体还大肆渲染国内叱咤风云的五位著名网站CEO齐聚西湖的盛况。第一次"西湖论剑"的时候，大概没有人会想到，两年之后,五大CEO中一脉尚存的,竟然会是当年饱受媒体轰炸的搜狐总裁张朝阳。现在看来其中是有某种必然性的。

与商业行为中充满活力的张扬的形象完全相反,真实的张朝阳的本性是沉默的。张自己解释说:"我话少的原因是因为我追求真实。说一些没用的话,我觉得是一种做作。我是个比较沉默寡言的人,很内向。如果为了应酬不得不说话,往往告诉自己:这仅仅是在应酬。我性格上最大的特点就是:追求真实到了一种残酷的地步。无论对自己还是对别人。不能忍受半点不真实。我要求无论自己还是他人,都要诚实,不讲假话。有的人讲某些话的时候,可能他并没有讲假话,但他话语的背后隐藏着某种心理,当他的某种心理状态在作怪的时候,我不能忍受,会给他剥出来。追求真实源于对人的关注、对人的内心世界的关注,同时跟学物理有关。学物理总要探究事物的根本原因,对世界上所发生的事情都要探个究竟。"

不论张朝阳自己如何解释他的性格与成功的原因,客观地分析他的经历,可以看出,他的出生地西安的传统文化,清华大学的校园文化以及美国的现代西方文化,基本上铸就了张朝阳的精神内核。他的沉默、务实、缓慢与持久,深厚的积淀,得自于西安传统文化;他的新锐、前卫、时尚,得自于清华和美国。有过类似经历的人其实很多,但能将两种相矛盾的文化结合得很好,运用得自如,将自己的理性驾驭得如本能一般,这方面,张朝阳的确有过人的本领。正是把这些文化的优势完

全用于搜狐的事业,张朝阳创造了一个奇迹,至少就他代表的这一辈人来讲是如此的。

第三节　经历风雨更加坚定

传播新概念

互联网是一个高风险的产业,即使在搜狐公司状况较好的时候,媒体也称张朝阳是站在"风火轮"上,飞旋着忽上忽下,难以平静。而难得的是,张朝阳对自己的事业有着极为坚定的信心。在最危机的时候,张朝阳也从未丧失信心,他坚信自己从事的网络不是泡沫。

张朝阳的信心来自他对网络的深刻理解。长远地来看,作为一个海归派的优秀青年,张朝阳带给国家的更重要的不是财富本身,而是理念、文化。在国内大多数人并不理解网络的时候,张朝阳以其极端新锐的方式,把互联网的文化、互联网的先进运作方式,大量介绍给了国人。

谈到贡献,张朝阳略加思索,谨慎地列出了自己认为有价值的几个方面。首先告诉人们网络是不能收费的。当时还没有网站,上一个数据库都要收费。现在所有网站都是免费的。其次是推广风险投资的概念,并且用搜狐这个实际的成功的例子来说明它。此前国内也有一些风险投资引进,但搜狐的方式比较正规,而且也很成功,使风险投资的概念深入人心。

另外在做网站的方式上,搜狐一开始就把网站当一个品牌来做;而且理论上、哲学上给中国网络发展带来了"注意力经济"的概念。同时在如何构筑一个新兴企业的文化、创立新兴公司的管理方

张朝阳名言

搜狐的推出实际是1997年一年关于商业模式探索的成果,把握住了互联网发展最本质的脉搏,互联网是共享的,从一个地方点击可以到任何一个地方,全球共享一个平台。搜狐的推出意味着,你到搜狐不是为了看内容,而是从搜狐去各地,去享受网上所有各种各样的东西。

搜狐视频
tv.sohu.com

法等方面也给中国的互联网提供了宝贵经验。而且,以张朝阳为代表的成功的创业者,给中国的年轻人树立了一种创业致富的新新人类的形象,这在一定时期内会有很大影响。这个意义上,张朝阳是一代青年人的楷模,是个英雄。

竞争刚开始

大约6年前,记者在广东惠州德赛集团第一次邂逅专访过搜狐张朝阳。当时IT最热门的话题是邮箱巨头纷纷祭起收费大旗,而张朝阳明确表示,搜狐会一直提供免费邮箱服务。6年后,当记者再次面对面专访张朝阳时,话题已经是如日中天的微博大战。面对新浪、腾讯等微博先行者,张朝阳一方面承认"搜狐起步有点晚",另方面却又自信满满:"微博市场刚刚启动,谁能笑到最后还没有定论。"

尽管如此,作为后来者的搜狐还是集中了旗下最强阵容来参与微博攻城略地大战,张朝阳说,"微博是搜狐最重要的产品。"目前,搜狐微博已经斥资数千万元拿下了包括北京、上海、广州在内的街头公交车身广告。元旦刚过,张朝阳又亲自在搜狐微博上发起"微博相亲"活动。"我正在打一场立体战争,"张朝阳说:"微博就是抓住市场用户的入口。"说这话的时候,张朝阳表情尤其认真,一如6年前记者印象中的激情张朝阳。

电视剧"奥斯卡"

张朝阳在2011年10月26日在京举行的

"2011秋季搜狐视频电视剧盛典"上表示,电视剧是中国娱乐的未来,他将加大投入打造电视剧"奥斯卡","电视剧是中国娱乐的未来,电影是没落的贵族,现在电影的发展模式不完善,仅仅依靠全国几千块大屏幕是不够的,要形成成熟的发展模式需要太长时间。相比之下,电视剧播放的时间长,给网站带来的流量大,盈利模式也趋于完善。"张朝阳透露,"我们会把今年冬季的年终颁奖典礼作为重点来做,到时会邀请更加权威的评委,使搜狐的颁奖典礼更加权威化。最终要把电视剧盛典做成奥斯卡类的评选。"

第七章　缔造互联网传媒的神话

他有个外号叫"神州行的全球通"，他从来不承认自己是职业经理人，他乐于讲"在搜狐我做过了各种'O'"，而在搜狐的这段时光促成了他的成名之旅，他最终成就于优酷，而这还远远非终点。几乎是一夜之间，除了古永锵自己身家陡然增至14亿美元，数百名优酷员工同时成为百万富翁。在这互联网创富的又一个奇迹背后，是这位自称"香港年轻人"的创业传奇。作为中国互联网视频领域最为成功的代表人物，古永锵的人生经历虽然低调却也颇具传奇色彩。

第一节　人物解读

个人简介

　　古永锵，1966年出生，曾经是搜狐的总裁兼首席运营官，他对于搜狐的发展有不可代替的作用。后来他选择了离职，重新回到国内互联网界，创办了一个视频网站——优酷，利用其十几年职业生涯积累起来的强大资源，使优酷获得了迅速发展，一年之间便成为国内视频网站的代表。2012年3月11日，优酷网与土豆网宣布以100%换股的方式合并，成立优酷土豆股份有限公司。

10

教育背景

古永锵接受过国外商科教育,经过多年来跨国公司里的实战和历练,积累了丰富的国际管理和经营经验,而且拥有逾八年的国内投资及运营经验。

古永锵曾就读于加州大学伯克利(Berkeley)分校,获学士学位,而后在斯坦福(Stanford)大学获得MBA学位。此外,他还在悉尼新南威尔士大学和北京大学研修过。

香港、澳洲、美国三地生活,加州伯克利分校经济学、斯坦福MBA,然后是咨询公司、投资公司、网络公司的职业经历,在创办优酷网之前,古永锵已经经过了这么一个修炼的过程,其中仅职业经历就累计长达15年。透过创业前的这段岁月,我们可能更能了解优酷何以能够在短短一年内,便成为行业内的领军者。

获得奖项

2010年11月5日,"创新十年"评选活动颁奖典礼暨2010经理世界年会在北京隆重举行,古永锵荣膺"未来十年新经济人物。2010年12月21日,获得2010综艺人物盛典年度人物。2011年4月,获"环球企业家·奥迪2010年度经济进取人物"。

职业履历

1989年至1992年,在国际知名的管理咨询公司贝恩(Bain)公司任职;

1993年在国际知名企业宝洁国际香港公司任职;

1994年至1999年,就职于风险投资公司富国集团担任副总裁,负责媒体、娱乐及工业项目;

1999年3月加盟搜狐公司,任高级副总裁兼首席财务官,并于2000年始,主管企业发展战略,负责新业务拓展方面的工作;

2002年,荣任搜狐公司首席运营官,负责公司的业务运营及发展;

2004年,荣任搜狐公司总裁兼首席运营官;

2005年11月,创办合一网络,启动资金300万美元。2006年6月21日,合一网络宣布优酷网公测开始,定位为用户视频分享服务平台,古永锵担任优酷网CEO兼首席运营官。

第二节　用行动走出来的铿锵创业路

14岁到澳洲

古永锵是1966年生的,属马,以前大家说古永锵跟老张(张朝阳)是"龙马精神"。古永锵爸爸是土木工程师,祖籍广州,妈妈是天津的,还有个妹妹。那时候香港流行小留学生,古永锵的父母都是比较民主的,就问古永锵:"第一,想不想出去? 第二,想去哪?"基本上都由古永锵自己决定了。

可能是对小学地理课本里面澳洲的图片印象太深了,蓝天绿草的,古永锵这个人喜欢大自然,住久了香港这种地方,就想找一个人口密度小的地方生活,所以就选了澳洲的学校,14岁就出来了。现在对香港的印象就是有好东西卖,有好吃的,其他的都很淡了。现在去香港古永锵还要问路,

都不好意思说自己是香港人。

原来想象的澳洲都是在海边,去了以后才知道学校不在海边,在悉尼坐火车往西走三个小时的一个小镇,两三百人的一个学校,周围没有一个中国人,亚洲人就三个。第一天到教室的时候,很多人都到教室窗口围观。这是古永锵第一次离家独自生活,而且是来到一个完全陌生的文化环境里面,开始还是很难的,后来就慢慢适应了,感觉功课也不是很难,后来还跳了一级,然后考进了新南威尔士大学学化工,当时在澳洲这个专业是最好的。

三考加州伯克利分校

1985年,古永锵家里人都要搬到美国去,父母问古永锵想不想一块过去。古永锵的爸爸是工程师,古永锵自己本来也喜欢理科,所以也想当个工程师,可是进了大学以后发现不是很适合,古永锵这个人还是相对比较外向的,所以就想利用去美国的机会换个专业。

古永锵选了加利福尼亚伯克利分校经济学专业,结果考了三次才考进去。第二次考试失败,很多人建议古永锵改其他普通的学校,但古永锵这个人认准了的事就比较执着。当时的情况虽然比较难,但其实每次到一个陌生的地方,第一年都是比较难的。

后来,古永锵直接考上了伯克利分校三年级学习,两年后古永锵就毕业了。那时候也不知道自己适合干什么,也没想清楚自己应该在什么地方发展,最后选择了贝恩咨询公司,这种公司最大的好处就是可以接触不同的行业、不同的客户。在这里,芯片、水电、饮料业古永锵都接触了,三年多时间,见过很多不同的公司,有做得好的,也有做得不好的。这三年多对古永锵职业生涯影响很深,尤其是那种思维习惯,现在古永锵看到一个项目,马上就会有

古永锵语录

很多人说为什么我不回去做创投,因为我已经做过好几年这个了,所以我现在是做互联网公司。网络视频网站是一个投入非常大的项目,至少要投入1亿元人民币。

很多问题跑出来,各方各面都去考虑一下。

工作三年后,1992年古永锵又考了斯坦福。在这里跟很多搞创业的人接触。一轮一轮的人,讲的都是创业的事情,就像给你洗脑一样。到毕业的时候,人生好像就只有两条路了:要么自己创业,要么去创投公司。那时候感觉自己创业经验还不成熟,所以就选择创投了。

欠钱创业

古永锵在创业的道路上越走越远,但想起最初的决定,他仍然觉得自己有点疯狂。他是在公司的资助下读MBA的,条件之一就是读完之后得回去工作。而他却不想,只有一个办法,向原来的公司支付违约赔偿,而几万美元对于当时的古永锵来说,是一笔天大的数目。幸而他所加盟的创业公司答应帮他赔偿一部分,而这些欠款,要待日后从他的薪水中每月扣除。

古永锵这家创业公司的名字叫做富国投资,北京的市民现在还熟悉他们投资的一个项目,工人体育场南门的"富国海底世界"。实际上,古永锵在刚回国的那几年,拉拉杂杂地做各种投资项目,主要集中在媒体娱乐和工业,"做过书刊,参与过上海皮革公司的合资","在全国各地到处跑,别人只知道我来自香港,却看不出我还在澳大利亚待过5年,在美洲待了10年,后来有人竟然送我个外号,叫'神州行的全球通'。"

IT信息垂直网站ZDNET（至顶网）是富国首个互联网投资项目，它后来被美国媒体集团Cnet(科技资讯网)收购,在那之后,他的注意力集中到互联网业务上。而他对待投资项目的态度也从来没做到完全放手,他总是要从初期就加入,然后和这家企业共同成长，他最后变成一个创业经理人,就可能是从那时候开始的。

杀回亚洲搞投资

古永锵在斯坦福的学费其实是贝恩缴的。说好了毕业以后出来继续给他们服务两年,之前还说好了贝恩会开拓投资业务,但是等古永锵毕业的时候,他们对这方面还是不很重视,感觉没法做。

1994年暑期的时候,古永锵在北京大学参加了一个培训班,正好认识了富国投资的创办人,谈了几次觉得还不错,就打算过来了。没办法,只能把贝恩的工作辞掉,毁约了,还要赔钱。那时候古永锵全部身家也就三四万美金,违约金是要六万美金,最后富国老板给古永锵借了些钱,才开出来支票。

和第一年到澳洲、第一年到美国一样,在北京第一年还是很难,古永锵离开香港15年了,看中文很吃力的,只能一点一点慢慢学。在富国古永锵干了四五年，做了四个项目,第一个收购了新西兰一个皮革企业,然后过来跟上海一个皮革国有企业合资,3 000万

美金的规模,在当时挺大的。

后来还做了一个媒体公司,里面有那个叫ZDNET的网站,还有IT杂志和北京工体的那个海底世界,现在还在营业,这三个项目都不错,后来都成功退出来了。上海还有一个项目没做好,最后清算了。在

富国这几年,古永锵收获很大,一方面是加深了对中国市场的了解,另外也积累一些人脉,尤其是投资圈的人脉,后来帮助搜狐融资,这起了很大作用。

结缘搜狐

古永锵和搜狐以及其创始人张朝阳在一杯咖啡之后就立刻决定要和对方成为创业伙伴。他们见面以后聊了对互联网创业的看法,彼此都很认同,而古也很想真正做一次互联网创业的局内人。见面之后,古永锵还经过了当时搜狐董事会的"考试",最后才决定加入搜狐。

1998年古永锵开始关注互联网,这时候古永锵认识了张朝阳。当时他还是富国投资的副总裁,天天在国际饭店会见各种寻找投资的创业者,而张朝阳正在隔壁的光华产业大厦"制造"搜狐。8月份的时候,在北京国际大饭店一楼咖啡厅,他喝咖啡古永锵喝茶,本来是谈给他的搜狐网投资的,结果谈了一会儿,他说:"古永锵不要你投资了,你过来吧。"当时他需要一个人帮助他去融资。

张朝阳是物理学博士,而古永锵是资本圈里出来的,这方面的游戏规则、人脉古永锵比较熟一点,而且古永锵也做过网络,所以很匹配。后来古永锵就成了搜狐的第一个高管,是高级副总裁兼CFO(首席财务官),那时候搜狐只有一百人左右,张朝阳之外最高的职务也就是总监。

而所谓两人一个在美国东海岸待了10年,一个在西海岸待了10年,最后竟然在北京相识的说法,古永锵称这是个巧合。在搜狐,开始的时候古

永锛专注于做融资。上市后,古永锛提出想做运营。张朝阳和董事会在这方面对古永锛很宽容。2001年古永锛开始接手运营了,包括企业发展、销售、市场、产品。到2001年7月份就当上了首席运营官,后来就做了总裁。

一举成名

最开始古永锛在贝恩公司以及宝洁国际香港公司,之后在风险投资公司富国集团担任副总裁,于1999年3月加盟搜狐公司,担任搜狐高级副总裁兼首席财务官。古永锛从2000年开始主管搜狐企业发展战略,负责新业务拓展方面的工作。但是最让他难忘的是2003年对17173的收购。

当时,新浪在互联网的地位牢不可破,网易在游戏和短信增值业务的盈利能力也非常突出,TOM异军突起,搜狐凭借什么样的策略才能够重挽昔日辉煌成了头等大事,成败在此一举。此时搜狐手中现金比较充裕,完全可以通过并购来抢占制高点。一个大胆的计划在他心中形成了。

古永锛观察后发现,围绕着游戏产业,服务可以成为未来的机会。此时拥有巨大流量的17173成为了搜狐关注的目标。新浪游戏与17173是直接的竞争对手,网易和TOM都致力于发展自己的内容,因此搜狐和17173是最具有互补性的。古永锛于是飞赴17173总部所在地福州。事情果然向古永锛预料中的方向发展,搜狐成功买下了17173。

第三节　再次创业做老大

告别搜狐开始创业

2004年底,古永锵跟张朝阳提出了离职的想法,因为古永锵加入搜狐时的奋斗目标基本都已经达到了。古永锵想找一个创业的环境。在搜狐几年,网络行业的各种情况都经历过了,这么多经历、经验,对自己创办公司很有意义。另外一方面,这些年古永锵积累了很多资源,从组建团队,到融资,到合作伙伴,还有政府部门,都有很大帮助。

搜狐在文化方面有很多良好的、很人文的东西,比如人与人之间的尊重、东西方文化的结合,还有人际关系的简单等。现在创业了,这些好的东西古永锵们会学过来。

闭关之旅

古永锵是个极少务虚的人,他喜欢各类计划。"一个人要有所作为,一定要考虑三五年的计划。"而他目前这三五年的计划,起源于2005年他离开搜狐的那次"闭关"。在硅谷,有一种流行的做法是在开始下一次创业之前,或者从一个工作换到另一个工作之间,休息一段比较长的时间,置身事外地休息与思考,这种类似修行的方式被称为硅谷式闭关。

古永锵在闭关之初的3个多月里去了墨西哥、秘鲁、阿根廷、乌拉圭、新西兰、澳大利亚、南非和埃及。这趟奢侈而浪漫的旅行至今令他记忆犹新:在墨西哥的碧海里学习潜水;在秘鲁坐长途火车,就为了看高原密林里神奇的马丘比丘遗迹;在阿根廷的农场里看书。

> **古永锵语录**
>
> 我希望我的小孩能做到(1)开心:首先人要快乐;(2)信心:一个人要有"我能"精神;(3)耐心:不要过急,做到与时俱进最好;(4)专心:做事情要专注;(5)用心:做人做事都要用心。

发现视频需求

YouTube(你的电视机,视频网站)是已成功模式,古永锵经常有冲动要把这一切精美绝伦的场景记录下来,跟家人和朋友分享,可手中的相机只能留下瞬间的影像,无法传达那时那刻立体的'美妙'。"古永锵突然想到,如果再创业,是不是要做和这种'记录'有关的事情。

古永锵对视频网站展开了一番分析和考察,那已经是在"闭关"后期了,古永锵像很多硅谷的职业创业者一样,在休息了几个月后认真找起项目来,他开始研究心理学。通过视频媒体自主地认识事物,是人们本质的心理需求的一种体现,是一种不会消失的需求,网络视频必将成为互联网的主流应用之一。由其引发的商业活力更是不可限量。

速造"优酷"

一年时间能干什么?古永锵的答案是,可以打造一家国内数一数二的视频网站。2006年6月21日,这位昔日搜狐总裁开始创业,推出视频网站"优酷"。一年后,优酷已经成为国内视频类网站的核心代表。

古永锵利用其丰富的经营经验和人脉资源,迅速打造了一颗网络新星。不过,要想让这颗新星找到自己的盈

利模式,长期闪耀下去,古永锵还要
经历更多的考验。

选择"视频"创业

2004年底,古永锵向搜狐董事
局主席兼CEO张朝阳表明去意的时
候说了三个理由:一是想陪太太到
美国念书;二是长期工作太累,身体

吃不消,需要休息一下;三是想重新找一个创业的环境。几个月后,古永锵
卸任搜狐公司总裁,赴美陪读。

休息只能是一段时间,休息之后肯定还是要想着干点什么。古太太在
纽约大学进修了一年,古永锵一边闭关休息,一边考虑下一步的打算,他
那时候的想法是或者重新回到投资公司,或者找一个小公司,或者自己创
业,但不管干什么,都要是互联网。2006年初,当古永锵在国内重现江湖
时,他已经作好了抉择,"就是感觉网络视频的机会到了"。

2004年3月，他将自己发起筹集的300万美元投入创办视频网站优酷。和传统网站主要以文字和图片作为传播内容不同，优酷专门以视频作为自己的传播内容。用户可以将自己的视频收藏和视频作品上传到这个平台上，与他人分享，也可以浏览其他用户上传的视频内容。优酷的工作人员每天24小时不间断地对这些短到几十秒钟，长到十几分钟的视频作品进行审核和推送。

利用"事件"推广

古永锵理想中的视频网站是健康和安全的，它的内容来自网友、拍客们的热情，来自独立制作人的创意。他在搜狐岁月中，古永锵历任CFO、COO（首席运营官）最后到总裁。最后，古永锵终于决定给予自己新的身份，一个视频网站的CEO，同时也是一个"拍客"。

在2005年，国内发生的多件热点大事件中，都已经闪现着优酷这个新来者的身影。张钰事件、重庆史上最牛钉子户……优酷作为一个视频网站的优势都得到了有效的发挥，其中，轰动一时的张钰事件，几乎从头到尾都是在优酷上传播开来；在沈阳大雪中，由于外地媒体无法进入，优酷用户传送出来的大量视频几乎成了独家，甚至央视的节目也从中引用。

优酷网在2006年至2007年热炒的故事包括"沈阳大雪"，那是来自冰封的城市网友们自发拍摄的镜头，还有"老人与狗"，这个故

事引发网友们对独居孤苦老人的关注，他最终在网友的帮助下实现了自己的夙愿——到天安门观看升旗仪式。

古永锵认为来自传统门户的经验，对于他做好视频网站帮助很多，比如说对内容尺度的把握以及处理"牌照问题"的经验。可是视频内容所面临的特殊的版权保护问题，可能也是他作为一个创业经理人，从创业以来最大的挑战。

这样的想法在很多从业者眼中看来完全可以称得上是个彻底的理想，在中国互联网产业产生的初期，尤其是以做门户为目标的网站，多半都凭借某些"出格"的猛料抢尽眼球，但古永锵承认自己在这方面做得"太少"，所有这些事件，到底是在优酷上无意中诞生，还是优酷内部的有意策划？面对这样的问题，古永锵有时笑而不答，有时含糊其辞，有时还会否认一番。或许，对于这个昔日搜狐总裁来说，已经无需通过任何方式炫耀自己的市场营销能力。反正这一系列事件，已经将优酷的用户量带上了行业第一的位置。

选择网络视频并非古永锵的先知先觉。在他加入这个行业的2006年初，正是视频网站风生水起的时候，各路网络精英不约而同汇聚此处，最多的时候国内竟有200家公司声称要在此业务上寻求发展。

2006年6月21日是优酷的周年庆。此前一天，古永锵发布了一份类似"企业宣言"的新闻通稿，大概的意思是说，经过一年纷争，无论在技术上、资金上、用户上还是品牌上都已经筑就了自己的壁垒，因此奉劝各路同行，最好"别再玩这个了"。这样的口气，出自一个入行刚刚一年的新人，确实值得玩味。但以古永锵一向稳重的性格，敢于喊出这般"狠话"，自然有他的底气。

古永锵语录

被问到什么是进取。进取是不是争取进步，不断学习，不断改进的精神？其实创业就是一种每天每时每刻都在考虑如何进步，如何优化的过程。在现代社会，不进则退，所以需要不断争取进步，为了完成目标，为了实现梦想继续前进，keep walking!

第四节　古式独门创业宝典

积聚"人气"生财

当了多年搜狐二当家的古永锵，深知搜狐公司文化精髓所在，并将其带入自己创办的优酷之中。"搜狐讲究平等，人与人之间关系比较简单化，这一点古永锵会在优酷里面好好推广。"在优酷办公平台上，每一个人的面积一样大，古永锵自己也在平台上占用一格，"现在我们也是全员持股，跟搜狐一开始时一样，前台都有期权。"

古永锵从搜狐引入了成功的企业文化，但在市场战略上，却选择了一条与搜狐完全不同的路。"搜狐是门户，讲究大而全，优酷坚持做专业视频网站，广泛与其他企业开展合作。""合作第一"的标语，被印在公司内隔板玻璃上。利用自己多年积累的人脉资源，一年之间，百度、盛大、迅雷以及众多电视台，都已经成了优酷的深度合作对象。

当然，不管是对内讲究平等观念，还是对外进行合纵连横，古永锵的目标都是一致的，那就是聚起内外力量，推动优酷网上的人气。视频网站虽然火爆了这么久，但是具体的盈利模式现在大家其实都没法说清楚。不过可以肯定的是，只要能够吸引足够多的用户到你的网站上来，挣钱的办法是肯定有的。2006年底，优酷完成了1200万美元的融资，古永锵希望

在这些钱用完之前,能找到一条生财之道。

优酷于北京时间2010年12月8日22:30分在美国纽约交易所上市。

并购"土豆"视频

优酷和土豆共同宣布双方于2012年3月11日签订最终协议,优酷和土豆将以100%换股的方式合并。根据协议,合并后,优酷股东及美国存托凭证持有者将拥有新公司约71.5%的股份,成为最大股东,优酷CEO古永锵也将出任合并后公司的CEO。

2012年8月23日优酷土豆和土豆公司宣布,土豆与Two Merger Sub(两个全资子公司)已经依据2012年3月11日公布的合并协议和计划完成合并,后者是优酷旗下的一家全资子公司。合并完成之后,土豆成为优酷旗下的全资子公司,优酷则更名为优酷土豆,合并后立即生效。

根据合并协议,在合并完成之前已发行和流通的每股土豆A级普通股和土豆B级普通股已经注销,并换成7.177股优酷A级普通股;已发行和流通每股土豆ADS股(美国存托凭证)换成1.595股优酷ADS股,每股相当于18股优酷A级普通股,并在合并生效前注销。

土豆ADS股在纳斯达克市场的交易将从2012年8月24日起停牌,优酷土豆已经向美国证券交易委员会(SEC)提交了Form(表格)25文件,通知土豆ADS在纳斯达克的摘牌，以及土豆股票的注销事宜。根据美国《证券交易法1934》，土豆将迅速向SEC（美国证券交易委员会）提交Form 15文件，之后土豆将再没有提交报告的义务，包括Form 20-F和Form 6-K报告。

古氏理论

视频产业，在这条产业链上，从内容生产到集成到播放器到播放平台到专门的视频搜索竟然都可以找到独立的公司。古永锵的优酷网分的是视频分享平台这一块蛋糕，它搜集整理网友上传的视频内容，让网民有地方看自己和别人拍下的那些五花八门的玩意，然后吸引广告，运营模式上有点像"视频版"的新浪和搜狐。

古永锵对于门户网站的搭建和内容监管驾轻就熟，对于怎么游说广告商也很有经验。2007年，他表示网站上视频播放的总次数，这个概念直接给门户网站最讲究的概念"PV"（页面总浏览量）带来冲击，广告主一听就明白，网民浏览文字和看视频的时间是不一样的，广告的含金量也随之增长。

2007年，古永锵提出"三个亿"理论，这个理论后来成了古永锵新身份的象征，它爆炸性地对现存所有视频网站给出生死宣言。他认为，首先视频是有钱人玩的游戏，融资必须上亿，否则别玩。第二，网站上每天播放视频的次数要上亿，否则只是小打小闹。第三，则是在2009年，优酷的年收入也要上亿。做到这一点之后，视频网站的市场将只属于一到两家公司，就像门户网站只剩下新浪和搜狐。

古永锵语录

舍和得的关系，就如因和果，因为是相关的，舍与得也是互动的。能够舍的人，一定是拥有富者的心胸；如果他的内心没有感恩，结缘的性格，他如何肯舍给人，如何能让人有所得？自己有财，才能舍财；自己有道，才能舍道。

人物评价

古永锵带有职业经理人特有的稳重态度，他温和而理性。他有固执的一面，不容易被说服，而且，只做喜欢做的事情。古永锵的经历，对于在校大学生来说

是很好的成功范本。他14岁成为留学生,然后就是长达十几年的海外求学经历,在这样漫长的磨炼之后,很多人会选择在某发达国家当个高级白领安逸地度过下半生,但古永锵不但回国创业了,而且一开始还是欠着债创业。

这样的经历也许能印证他性格里的冒险因子,古永锵在大学的时候选修了一门奇怪的心理学课程—《九型人格》,他乐观、要新鲜感,追上潮流,想过愉快的生活,想创新、自娱娱人,把人间的不美好化为乌有。

在古永锵身上,还有着多年来做职业经理人而养成的冷静和决断力,这可能掩盖了他爱冒险的一面。反过来想,虽然我们在古永锵身上看不到草莽英雄式的冲动,也少了些江湖回忆,可是,这并不影响他彬彬有礼的举止后面对新鲜事物的向往和冒险冲动。毕竟,古永锵现在做的视频分享网站,虽然符合了互联网应用的发展趋势,但从盈利上讲却仍然存在风险。

他有着乐观稳重的性格,再加上职业经理人的出身,这样的管理者,可以叫他创业经理人,古永锵比单纯的创业者更理性,可是比职业经理人又多了一份激情,这是不同于白手起家者的另一种创业者气质。

第五节　三网合一的成功模式

　　优酷网以视频分享为基础,开拓三网合一的成功应用模式,为用户浏览、搜索、创造和分享视频提供最高品质的服务。优酷网是对古永锵诠释的"微视频"概念的全面演绎。关于"优酷"这个网名的由来,古永锵解释:"优,代表服务品质,优酷倡导一种精品视频文化,让精品内容浮出水面,让用户价值充分展现;酷,代表用户体验,第一时间品味独特的视频自助餐,满足人人参与的热情与个性化生活方式的表达。"在优酷你可以最快、最方便地浏览、上传、搜索、分享丰富多彩的微视频内容。

　　与播客有所不同,优酷不一定只有原创才能登台表演,无论业余或专业,无论个人或机构,优酷欢迎一切以微视频形式出现的视频收藏、自创与分享。据优酷网产品负责人介绍,优酷是国内首家为微视频免费提供无限量上传与存储空间并具备个人发起视频擂台及评分系统的网站;区别

于某些网站的视频堆积,优酷注重利用多纬度的TOP(网站位置的顶端)排名、频道分类索引、标签、个人发起擂台、视频俱乐部等有效手段,兼顾技术搜索功能与人气推荐手段,最大化发挥C2C(消费者对消费者之间的电子商务)内容聚合与推荐的力量,帮助用户迅速找到喜好的视频和感兴趣的社区,让用户"看得爽、找得快、传得广、比得酷"。

> **古永锵语录**
>
> 创业者中乐观的偏多,商机往往是在别人看到困难,在帮助解决难点中产生的。创业需要合适的人、财、事。一个和自己互补的团队,时间表和战略意图和创业项目匹配的资金来源以及自己真正喜欢和有感觉的领域。

优与酷的融合,势必会吸引大批崇尚自由创意、喜欢收藏或欣赏微视频的网民。优酷的目标人群归属和分众聚合力将为优酷未来的商业价值创造无限可能,也为传统媒体的发行和推广提供新的平台。

在未来的发展中,优酷平台产生的合作方式将会是多种多样的。"'世界都在看'是优酷积极提倡的全新网络生活方式",古永锵兴奋地表示,"我们要为网民打造的是一个微视频博览会、微视频精品库,也是一个视频体验的世界,创作、交流、推荐、分享。在优酷,以视频语言表达自我、分享世界。"

第八章　IT少侠的江湖传奇

人物传奇　　王志东在中国南方农村长大,在考入北大之前曾在鸭场做零工。王志东是第一个写出Windows中文平台的程序员,王志东在引领新浪成为中国三大门户网站之一的奋斗中居功至伟。自北大毕业后,王志东成为中国硅谷的自由软件工程师,以软件奇才扬名业内。

第一节　人物解读

个人简介

王志东,1967年出生于东莞虎门,毕业于东莞中学、北京大学。现任北京点击科技有限公司董事长兼总裁。BDWin、中文之星、RichWin等著名中文平台的一手缔造者;先后创办了新天地信息技术研究所、四通利方信息技术有限公司,曾领导新浪成为全球最大中文门户并在纳斯达克成功上市。2001年创建点击科技,在国内首创协同应用理念,带领点击团队,融合软件、互联网和通信三个领域的前沿技术,开发出新一代网络通

讯平台"竞开即时通讯平台"。

三次创业

从1992年至今,王志东先后经历三次创业,成功进行多次国际资本运作,领导新浪网成为全球最大中文门户网站,并于2000年在美国纳斯达克上市。2001年12月,王志东在个人职场生涯达到巅峰时却选择离开新浪,创建了北京点击科技有限公司。

在创建点技科技之前,王志东做过两件有意义的事情,这两件事情是两次创业历程,也是所实现的两次创业梦想。"第一件是1990年至1997年,从北京大学毕业后,他研发RichWin、中文之星等平台后提出一个口号:让中国软件与世界同步;第二件是1993年至2000年,王志东借鉴美国硅谷创业模式,带领新浪走出中关村到美国上市。

任何一个成功的创业者,一定不会是以财富或者出名来作为创业出发点,而是把自己的梦想赋予企业,利用企业的行为和资本的力量去完成自己的创业。他对创业的理解就是以有限的资源实现无限梦想的过程。

个人荣誉

2009年12月建国60年60位功勋品牌人物;

2009年10月东莞时代人物;

2009年3月中关村20年突出贡献个人奖;

2008年5月中国IT十年杰出青年奖;

2008年2月中国十大新媒体人物;

2007中国互联网调

查课题组特邀顾问,中国互联网协会、DCCI互联网数据中心、2007中央电视台《赢在中国》大赛评委;

2006年6月品牌中国总评榜(1980-2005)"中国品牌百人榜上榜人物";

2006年4月2006中国最具影响力的100位财富人物;

2005年影响中小企业信息化发展的代表人物;

2005年11月中国信息产业20年中国贡献奖;

2005年1月29日2004年全国十大民企英才;

2004年10月中华十大管理英才;

2004年十大中华经济英才;中国软件杰出贡献奖;TOP10中国科技领袖;"影响信息化的50人"与"行业新锐奖";

2004年度中国IT技术创新奖;

2003年度中国软件企业十大领军人物;

2002年IT十大领军人物"之"最佳新闻聚焦奖";

2002年十大创业新锐。

第二节　创业艰难百战多

酷爱高科技的穷孩子

1967年,王志东出生在东莞虎门镇的一个教师家庭。在王志东的记忆中,父母都是典型的知识分子,不仅没有像多数虎门人一样去商海中钻营,而且坚持让家里4个小孩都读书。王志东的童年在半饥半饱的状态下度过,清苦的家况成为他学习和创业的初始动力。

当时年仅12岁的王志东直接从小

王志东名言

门户竞争的时候,很流行一句话,互联网只有第一没有第二,赢家通吃。三大门户拼得你死我活,只有拼出赢家来才算胜利,别人都没机会了。我并不避讳人家和我谈论过去,甚至可以说乐意谈论过去,但是人不能只停留在过去,只有过去。

学四年级考入初中。为这次成功跳级,父亲奖励王志东一把电烙铁。"当时是11元,挺贵的。我又花5元钱买了一个收音机套件。"在父亲的有意培养下,王志东初中时就对无线电充满了兴趣。

1981年王志东进入东莞中学念高中,加入了无线电课外兴趣小组。"除了上课,我要么在实验室,要么在图书馆。"1984年,王志东高分考入北京大学无线电电子学系。

在北大,王志东第一次接触了电脑。他发现,搞无线电太花钱,而只要数理基础好,有什么创意都可以在电脑上实现。于是他加入了计算机小组,把玩无线电的那股热情转移到了电脑上。

破碎的硅谷梦

王志东读大学的4年,正是中关村兴起的时候。大三时,王志东觉得在北大已无所事事,他想到第一线去找点事干,既能接触社会,学到先进的科技,也能勤工俭学。在中关村,王志东给皮包公司做过推销,也做过汉化、二次开发、系统集成等技术活。

在王志东的履历中,他的第一份正式工作是北京北郊乳制品厂的技术员,但实际上他没有上过一天班。"那个工作不适合我,我办了停薪留职,继续留在中关村。

1989年5月，那时我帮一个客户把北大方正王选（北大教授，激光照排系统创始人）的系统改了，王选挺欣赏我，邀我回北大。"王志东于是顺水推舟，进入北大方正。王志东特邀进入王选教授领导下的"北京大学计算机技术研究所"（748研究所）从事基础软件开发工作。主要项目"中文多窗口图形支撑环境"

于同年12月通过了部级鉴定。至1990年6月，共推出1.0、2.0、2.1三个版本。

1989年7月，王选让王志东接手一个新项目。"你能不能把微软的Windows（微软公司推出的视窗电脑操作系统）汉化了？"从没接触过Windows的王志东，就这样懵懵懂懂地走进了Windows汉化领域。1990年6月，王志东转入"北大方正"公司负责产品二次开发与新产品研制工作。1991年6月，独立研制并推出国内第一套实用Windows3.0汉化系统"北大中文窗口系统（BDWin3.0）"，是北大方正1991年七大新产品之一。但近一年的时间过去，方正并没有开始大规模推广，王志东觉得自己"非主流"，伤心地递交了辞职报告。

离开北大方正后，他计划离开北京，去新加坡充电。在等待签证的过程中，他又写出了一个外挂中文平台，这就是后来红极一时的"中文之星"。"我一个同学发现了，硬拉我入伙，成立公司推广中文之星。他说，咱们就按硅谷的方式，苹果怎么做的，咱们就怎么做。我觉得挺靠谱，跟我的梦想很匹配，就不出国了。"王志东说，1992年4月，他创业的第一家公司"新天地电子信息技术研究所"成立了，他任副总经理兼总工程师。

1992年5月，独立研制并推出全球第一套实用Windows3.1中文平台"中文之星（Chinese Star 1.1）"，次年2月研制成功其海外版与升级版"中文之星1.2"。"中文之星"一经推出即在国内得到迅速普及，加速了中国的电脑应用，创造了很好的社会效益和经济效益。"中文之星"的横空出世，让比尔·盖茨也吃惊不小,微软公司决定整体修改之前的中文版。微软的高层评论说,"中文之星"至少让微软的产品提早五年进入中国。

有"中文之星"的硬实力,新天地发展很快。但王志东的硅谷梦一年之后就化为泡影。随着小平南巡,全国兴起经商热潮,王志东的搭档一门心思要去做房地产,两人在管理理念和发展方向上产生严重分歧。搭档学的是政治学,阶级斗争经验丰富,王志东自知不是对手,离开了新天地。

新浪风云

　　新天地的失意让王志东一度深感挫折,但年轻的他很快成为投资人眼中的红人。

　　1993年12月,王志东出任新组建的"四通利方信息技术有限公司"总经理,时年26岁。

　　1993－1998年王志东亲自领导四通利方的研究小组数次承接国家高技术发展计划(863)等重点研究课题,主持开发的RichWin(四通利方公司推出的中文平台系统)是全球第一个跨平台、多内码、高兼容性并全面支持互联网应用的中文系统平台。

　　1994年4月,在中国电子工业部举办的第四届全国计算机软件交流交易会上,"利方多元系统支撑环境"获Windows中文环境唯一金奖;1995年5月,在电子部举办的第五届全国计算机软件交流交易会上,"利方多元系统支撑环境"的RichWin 4.01再获Windows中文环境唯一金奖,还有两个版本双双获得优秀产品奖;1995年下半年,四通推出RichWin系列软件,成为当时世界上水平最高的外挂式中文平台系统软件,迅速占领市场。此后三年之间,王志东数次奔走于硅谷和华尔街,引入境外风险投资,成为第一个将境外资本成功引入中国互联网的IT创业者。

　　随着互联网悄然兴起,王志东开始寻求往互联网方向发展。在1995年和1996年,王志东"利方多元系统支撑环境"两次被列入国家级火炬计划,并向全国推广使用。1995年12月,"利方多元系统支撑环境"列入北京市"九五"技术改造项目;1996年3月,利方多元系统支撑环境正式被列入国家"九五"技术改造项目;1997年6月,承接国家863计划项目"Internet/Intranet应用平台"。王志东一直坚持科研与应用结合的指导思想,积极推进科研成果的产业化。他凭借IT产业前瞻性的把握、对国际资本市场与现代企业管理的深刻认知,领导四通利方走向了国际化的道路。1997年为公司引入650万美元的国际风险投资,成为国内IT产业首家引进风险投资的企业。

　　1998年2月,计算机界权威杂志《PCWORLD》(全球性IT专业杂志,香港版)年度软、硬件评选结果表明69%的用户将RichWin选为最佳中文软件产品。

同时,RichWin以绝对优势荣获世界权威杂志《PCWORLD》"最佳中文操作系统软件"称号。

1998年10月,RichWin荣登"中国十大最受欢迎软件"榜首。短短几年的时间,RichWin取得了国内微机中文平台预装软件市场80%的占有率,迄今为止,Richwin系列软件产品,累计装机量达1000万以上,为国产软件之最。

创建新浪

1998年12月,四通利方宣布成功并购位于"硅谷"的华渊生活资讯网,成立新浪网,王志东出任总裁,一年后兼任CEO。

1998年12月,又完成了与美国华渊公司的合并,创建新浪网,担任新浪网首席执行长兼总裁,并率领新浪成为首家成功在美国纳斯达克上市的中国网络公司,成为全球华人IT界的美谈。

王志东在新浪网开创性地建立起了互联网平台模式,通过对各种信息资源的整合,为用户创造价值。

1999年6月,带领新浪网与美国业界最知名的搜索引擎公司AltaVista合作,建立全球最大的中文搜索引擎服务。1999年7月,新浪网就登上中国互联网信息中心公布的中文网站排名之首。

目前,新浪网已经成为下辖北京新浪、香港新浪、台北新浪、北美新浪等覆盖全球华人社区中文网站的全球最大中文门户。

王志东名言

互联网其实经历三个阶段,第一个阶段是接入为王。第二个阶段是内容为王。第三个阶段是这几年来在悄悄开始,我们叫作应用为王。科技表面上是做软件,实际上把互联网、通信等等结合起来,结合之后可以发现工作模式发生很大变化。

此前,王志东一直是中国第二代程序员的领军人物。此后,王志东成为中国互联网事业的先驱。两强合并加上资本运作,王志东率领新浪网乘风破浪,半年之内便成为中国互联网的第一品牌。

王志东似乎顺风顺水，但奔跑的新浪始终背着时代的包袱，复杂的股权和管理层结构，令王志东不得不耗费大量精力试图改造。

2001年，国际互联网泡沫破灭，王志东有了大胆的念头，想乘华尔街自顾不暇之机，按业务"把新浪拆了"。但这种拆分，与当时流行的合并背道而驰。

"我跟董事会在看法上发生了冲突，也跟董事会某些人出现了利益上的冲突，最后被迫离开。"2001年6月，王志东被解除新浪网的首席执行官和董事职务。

回忆起这场冲突，王志东很淡然。他说，当时新浪的改造难度很大，离开本来也是他预想的选择之一。当年年底，他创立了北京点击科技有限公司，重新走上创业之路。在他的构想中，点击科技将成为软件与互联网紧密结合的技术帝国。

> **王志东名言**
>
> 我1995年1月份第一次去美国，7月和10月连续又去了两次，整个这一年就是想四通利方、中文平台和国产软件何去何从？一次去硅谷的收获是我见到了一个摩根士丹利的高级项目主管，这次见面使我第一次知道了上市融资的概念。

创建点击科技

不断追求卓越是王志东的信条。2001年12月3日，王志东创建北京点击科技有限公司，致力于将软件、互联网、通讯三大现代技术融合成能为广大信息化用户提供协同应用环境协同软件的研发。

王志东是国内协同应用理念的首倡者，而点击科技也就成为国内最早将协同理念应用于实践的软件厂商。

在王志东亲自带领下，2002年底，点击科技推出了国内第一个协同应用平台——竞开协同应用平台（Geneking Star，简称GK-Star）。竞开协同应用平台是一套基于"扩展对等网络"的协同应用开发与操作平台。

目标是为电子政务与企业信息化提供一套简单、方便、安全、实用的协同应用解决方案，实现低成本、低风险、高效率的信息化目标。以联系人为中心，系统管理相关文档、活动、通讯等信息，高效集成多种网络通讯工具，提供面向小组成员的网络协作环境，支持高效信息交换与电子会议功能。

"竞开协同之星"具有活页式的系统扩展能力，可以灵活地插入各种专业应用系统的客户端模块，成为高度个性化的企业信息化与电子政务综合工作平台。该产品设计理念和功能在国际上处于领先地位，一经推出即获得广泛关注。

为了表彰王志东在信息化领域的突出贡献，中国科协将2002年度的"求是杰出青年成果转化奖"颁发给他。虽然由于"非典"的影响，"竞开协同之星（GK-Star）"直到2003年5月才正式推向市场，但它一经推出，就迅

速在制造、石油化工、电力能源、专业
服务、媒体、教育、电子政务等多个行
业得到推广和应用。而此时，王志东
带领的点击科技和所从事的协同软
件领域也受到了国际风险投资的青
睐，2004年2月，王志东领导点击科技

成功从美国富达投资集团融资1300万美元，成为国内软件领域有史以来
最大的单笔融资。

因产品性能高，整体拥有成本低，并具有较强的市场竞争力，竞开
（Geneking）系列协同软件被计世资讯、赛迪顾问等多家权威机构评为
"中国协同软件市场领导型产品"和"中国协同软件市场第一品牌"，并
被中国软件行业协会评为"优秀软
件产品"。

2005年，王志东所倡导和从事的
协同软件领域已受到了政府、信息化
用户、媒体、调研机构等社会各界的
关注，成为国内IT领域的亮点和媒体
关注的热点。

为了使协同落地，让每个互联网
用户都能享受到协同应用技术带来
的工作和生活便利，王志东领导点击
科技将先进的协同应用技术从企业
市场延伸到个人市场。

基于Web2.0的精神和技术核心，
遵循以人为本的思想，自主研发并推
出了新一代即时通讯客户端——
Lava-Lava，为用户和业界人士所看

好。Lava-Lava是一款全新的IM2.0客户端软件,它集主流IM产品的即时文字聊天、多人音视频、文件传输等多种通讯方式于一体;拥有独特的部落和文件共享功能;创新的离线文件传输、心情互动,为用户与好友和相关联系人随时随地进行沟通提供了便利。

第三节 不停转变不断成功

互联网的巨大机会

王志东一直坚持一个观点:随着互联网越来越普及,基础设施如3G、宽带技术变得更加成熟,互联网应当可以像电力、水一样成为传统行业的基础应用。

在过去的几年时间, 王志东所做的事情是将互联网技术和应用引入传统行业,而突破口,就是即时通讯。

在他看来, 通讯技术是最好的虚拟互联网应用。人们所熟知的QQ、MSN是面对终端消费者,而在这之外,存在着大量的通讯技术需求。比如在管理软件方面,很多的软件厂商就迫切需要一个通讯的功能模块,王志东和他的团队将即时通讯以中间件的概念提供给厂商, 让他们能够与自己的系统对接,这些合作的厂商包括银行、金融、证券,政务,制造业行业用户,而在互联网领域,电子商务、社区、游戏平台等都是点击科技的良好伙伴。

> **王志东名言**
> 互联网谁都有机会当第一,互联网的领域太广泛了,没有真正的赢家,赢家通吃只是在赢的领域里面通吃,并不能跨越所有的领域。

这种"C2B"(消费者对企业的电子商务模式)的模式让王志东有一定收益之外,更让他看到了一些企业级应用所产生的新应用和新技术,比如SAAS(软件运营服务)、虚拟化、云计算和可管理的P2P(对等连接)技术,

而他现在决定要做的,是将这些技术、应用和创新反向引入消费者市场。"它们可以很好地应用于家庭娱乐等方向,并向各个领域扩展和延伸。"

可管理P2P技术的生存法则

在王志东的眼里,Skype(讯佳普)一直是自己非常感兴趣和重点研究的互联网产品。

Skype是一种网络即时语音沟通工具,通过在全世界范围内向客户提供免费的高质量通话服务,Skype正在逐渐改变电信业。"可以看到,Skype关于语音压缩技术并不是自己的专利,而且也并没有买断这个专利,换句话说,世界上有很多的公司能够掌握这个技术,但它为什么能做得如此成功,核心在于可控的P2P技术。"

可管理的P2P技术在王志东看来,绝不仅仅是技术上的领先,更重要在于它符合了一种生存法则。"它在三个点上是做到了平衡。第一个是用户体验,用户需要速度。第二个是厂家要控制成本,控制成本不能够牺牲用户体验,因为纯粹P2P的话,有的时候体验不稳定,但是你要提供一个商业服务,服务质量必须是稳定的,质量必定要可靠,Skype正是有一个可管理的P2P的架构,它的服务才能达到高水平。第三个是跟产业链,包括运营商、内容提供商,要形成一种共赢,否则你这个P2P做起来但运营商封杀的话,也推广不起来。"

两年以前,点击科技就开始了一系列的尝试,其中最重要的一项就是在后台帮助游戏厂商、网吧运维系统商进行游戏更新和网吧分发更新内容。"目前已经有几万家网吧在用点击科技的这一技术。"王志东很愿意谈到这一点。

游戏行业一直存在着一个问题:网络游戏更新频繁,更新包特别大,这让游戏商、网吧运维系商以及游戏用户都非常不满意。针对这种

> **王志东名言**
>
> 有了IBM还会出现苹果,有了英特尔还会出现微软,有了微软还有雅虎,最后还出了个Google,机会永远有,源源不断。中国互联网发展的十年,网民和IT产业肯定是分不开的,应该是一个互动的结果,也是网民发展的十年。

现状,王志东和他的点击科技团队推出了增量更新技术。一方面对新的更新自动做增量对比,只把新增的内容放进来并进行分发,不重复更新,让游戏更新量最小。另一方面,通过可管理P2P技术提高游戏更新速度。这一技术得到了厂商和市场的认可,而游戏用户也在不知不觉中使用到了点击科技的技术。

从企业后台到用户前端的转变

模式往往不是一成不变的,正如2007年王志东一篇文章回忆道:"在并没有像人们期待的那样重现辉煌。

彷徨之际,突然悟到了一个道理:自己最擅长的是互联网而不是软件,应该调整方向,让"即时沟通"这一理念在互联网领域大展身手,而不是陷在软件产品的开发与服务当中。2006年,我开始调整点击科技的方向,决定转身再战互联网。"

这些年来,王志东慢慢调整自己的业务模式。在一开始几年,点击科技业务属于C2B,即用一些公用互联网的应用往企业应用转移,包括了协同应用、即时通信等等,形成垂直领域的企业应用。

从2009年开始,点击科技业务逐渐在向B2C(企业对消费者之间的电子商务)的概念转变,即原来在企业应用里面积攒的技术,逐步把它往互联网市场作转移,转向消费者娱乐等方面。而桥梁,正是之前在企业应用

里面的SAAS技术。

在王志东看来，这是一种类似网络操作系统的平台。传统的软件可以装在点击科技的云端，通过网络虚拟操作系统直接在前端作应用。把一些传统单机软件变为WEB软件即传统软件SAAS化。网络游戏看上去是一个非常好的突破口。王志东分析，目前中

国大大小小游戏有一万多款，除了一些小游戏和webgame（网页游戏）外，大部分的网络游戏和单机游戏体积庞大。对玩家来说下载、安装、升级非常麻烦；对于游戏厂商而言，新游戏推出如何让游戏低成本而有效分发到用户手里一直是难题。而用户所付出的，仅仅是下载一个3M左右的软件。

市场是需要耐心的，王志东也碰到有耐心的投资人。点击科技先后接受富达和联想投资，"从他们的投资风格来讲，是属于比较有耐性的那种。他们的耐心给了我们很好的时间和空间，来储备和集中完成我们的技术平台。"

对于三次创业的王志东而言，耐心或许能够赢得更大的成功。

第四节　传奇背后的力量

营商理念

王志东是互联网的一个传奇，每一次创业都能掀起一股旋风，这归功于他"以人为本"和"顶天立地"的企业理念。

"以人为本"，即对内尊重员工的价值，激发员工的创造力，创造并分享公司的价值，在企业内部创造一个团结、奋发、和谐的工作环境；对外尊重客户的需求，为用户着想，以达到"为客户创造价值，与企业共同成功"

的企业目标。

在产品的开发上，遵循"顶天立地"的原则。"顶天"就是要做潮流性的东西，希望能够尽可能走到产业的前沿；"立地"就是要符合国情，能够让整个市场能完全去接受。

在资源配置上，推行"资金人才按阶段分配"，提前做好资金和人力的储备。每一阶段都有适合没阶段特点的资金与人力分配，随时做到要钱的时候有钱，要人的时候有人。同时，也引进优秀人才辅佐自己。

在市场的运作上，讲求"最早介入，成熟时发力"，以跟上市场的步伐，而又能抢占先机，喧宾夺主。所以，点击科技有限公司现在做的是互联网上的新名词"协同办公与通讯软件"。在风险融资上，首先进行人员扩张，进而建立整个市场营销体系、更丰富的产品线、庞大的用户群。

如此创业，莫怪乎王志东三次创业皆成功！

"出门靠朋友"

"'一个好汉三个帮'，不管你是做开发、融资、技术，都得靠朋友，靠个人的力量你是不可能起来的。IT是一个江湖，如果在这个江湖上维护好了你自己的信誉，那么你该有的朋友，该有的资源，都会有的。"这是王志东认为自己在迄今为止的人生经历中学到的最重要的东西。

> **王志东名言**
>
> 高调和低调是相对的，一个人如果有充分的自信，或者自己对自己的人生工作各方面很享受的话他不需要外在的修饰来高调。像比尔·盖茨、巴菲特，看似低调，实际上你可以看到他内心是很高调的，因为他这个自信是在他所有的行为里面的。

从王志东的经历可以看出，无论是在四通利方、新浪，还是今天的点击科技，他都有一批自己的"死党"跟随。在2001年与新浪尴尬分手后，王志东身边的一批"老人"毅然决然地放弃了令其他人艳羡的财富和资源，而去帮助他创建点击科技公司，去实现一个新的梦想。

"兼容并包永远不应该是一句空话"

在北大的四年虽然在人生经历中是短暂的，但是"兼容并包"的思想、开放的学风、多彩的活动使王志东受益良多，使得他的思维方法多样，解决问题的方式独辟蹊径，为以后的成功奠定了坚实的基础。

"北大给我最重要的东西就是思考方法和价值观。'兼容并包'表示北大是多元化的，有很强的包容性，能让每个人找到自己发展的方向，每个人能把自己特长、向往的东西找到；而北大是多学科融合的大学，我最喜欢参加各种周末沙龙的活动，心理、佛教、社会等，锻炼了我的思维。"

在大学期间，王志东成功发起一个称为"学生科学实践协会"的社团，吸引了很多学生干部，在这个过程中他开阔了视野，锻炼了组织能力。这段经历对他以后成功开创新浪、管理新浪也有着重要的影响。

第九章　潜伏浑浊水底的鳄鱼之王

人物传奇

　　昨日的叛逆,演变成今日的正统,甚至成为膜拜的经典,陈一舟用了12年。从ChinaRen那个曾经莽撞的互联网青年到Renren,陈一舟继续着互联网中的颠覆和传奇。"天下人人"的梦想在人人天下的当今互联网时代颇显霸道,但回首2000年那个不寒而栗的春天,陈一舟或许提前给自己也给中国互联网企业一个合理的解释,让自己"变得更加完整"。与老东家张朝阳的高调、老战友周鸿祎的风光相比,千橡集团CEO陈一舟在传奇与颠覆性并存的互联网世界中绝对是一位另类的大佬。

第一节　人物解读

个人简介

　　陈一舟,1969年出生于湖北武汉,毕业于美国麻省理工学院,千橡互动集团董事长兼首席执行官。2010年12月,千橡互动更名"人人",英文名称为:RenrenInc。人人旗下拥有中国最大的实名制SNS网站"人人网"、国内领先的社交化电子商务"糯米网"、商务社区"经纬网"、国内首家实名制汽车问答网站"车问网"及全国首家和最大的独立研发并运营网页游戏的"人人游戏"。2011年5月4日,人人公司在纽交所上市。

现任职务

千橡互动集团董事长兼首席执行官；

搜狐公司高级副总裁；

中国人网董事长、首席执行官；

美国阿尔泰克工业公司北亚地区经理。

职业生涯

1969年，出生在湖北武汉；1987年考入武汉大学物理系；1993年进入美国麻省理工学院(MIT)机械工程系学习获MIT硕士学位；

1995年后，进入美国阿尔泰克公司(Altec)工作，主管北亚地区事务；

1997年进入斯坦福大学攻读MBA及电机工程双硕士学位；

1999年与斯坦福大学校友周云帆、杨宁共同创办ChinaRen公司，陈一舟任董事长兼首席执行官。

Chinaren被SoHu收购后，陈一舟任SOHU副总裁。

2002年11月千橡互动集团成立，陈一舟任董事长CEO，旗下现在有DuDu网（嘟嘟网），dudu加速器，猫扑网，uume（小视频分享中心），魔兽中国，5Q校园地带等网站。

2011年5月5日美国时间5月4日，中国知名社交网站运营商人人公司正式在纽约证券交易所挂牌，陈一舟的身价约为18.17亿美元。

Entrepreneur

创业邦

陈一舟

2011中国年度年度创业人物

第二节 "开个公司一下值10个亿"

天上九头鸟,地上湖北佬

从外表看起来,陈一舟矮胖爱笑,一脸的憨厚。但熟悉陈一舟的人都知道"天上九头鸟,地上湖北佬"才是陈一舟应该得到的最准确的评价。

1969年,陈一舟出生在湖北武汉。陈一舟属鸡,相书上对这一年出生的人的性格剖析为:为人温柔、善良和浪漫,是一个非常幸运的人,常有不可思议的幸运事降临在身上;口才非凡,令人信服;不过,有点儿任性,有时难免遭受挫折;在事业方面,可以受到长辈贵人的帮助。

同年出生的还有爱国者集团总裁冯军、新浪首席执行官曹国伟、金山软件总裁雷军、中国博客教父方兴东等。显然与相书上的剖析大都神奇般的契合了。

陈一舟的父亲是铁路上的工程师,母亲是药厂的技术员。"所以当时我希望自己长大可以成为一名工程师,或者是从事科学研究工作。"

1987年,成绩优异的陈一舟顺利地考进了家门口的武汉大学,选择了物理专业。大学二年级,陈一舟转入计算机专业。刚过一年,陈一舟又因全家移居美国而转投美国特拉华州立大学,所学的专业又从计算机换成机械工程。工作两年之后,陈一舟重返校园进入美国斯坦福大学,攻读MBA及电机工程双硕士。

陈一舟就读MBA的1997年到1999年期间,正是美国互联网业风起云涌的阶段,"酋长"杨致远与雅虎开始吸引全球的目光。而陈一舟就读的斯坦福商学院有着一贯的创业传统,当今国际众多叱咤风云的大公司,从惠普到Sun(IT及互联网技术服务公司)、

> ### 千橡的并购式成长
>
> "橡树生命比较强,扩展的力量比较强。"陈一舟如此解读自己之所以给第二次创业的公司取名为"千橡"的原因,"你可以把千橡看成是一只非常饥渴的哺乳类动物。"陈一舟说。

思科,再到雅虎、Excite(搜索引擎公司)和易趣,都是斯坦福的学生创办的。陈一舟也深受影响,有着独立创业的情怀,即使有高薪伺候也不去给别人打工。这无疑给陈一舟以后的创业生涯带来了深远影响。更为重要的是,他结识了之后的合作伙伴,周云帆和杨宁。

周云帆毕业于清华,获得斯坦福大学电机工程系硕士学位;杨宁则获得密歇根大学电机工程学士学位、斯坦福大学电机工程系硕士学位。陈一舟给这两个人的评价非常之高,"他们二人是当时斯坦福工程学院最优秀的学生。"

陈一舟当时发起了一个斯坦福中国互联网讨论会,沟通中三人颇为投缘,于是很快达成一致,决定投身互联网热潮,具体的方向则是虚拟社区,当然业务落实在发展速度更快的国内。"周围的人都在谈论互联网,每一个学生基本上都揣着钱去做商业投资,我也受到了环境的感染。充满梦想的一些中国学生们到了周末,便买些东西大家一边吃,一边聊,这样就把一个团队聊出来了。"陈一舟说。

创办ChinaRen

1999年初,三人完善了他们的商业计划书,当年5月,三个怀揣着梦想和20万美元的年轻人回到中国,创办了后来大名鼎鼎的ChinaRen,口号是"建造全球最大的华人虚拟社区"。陈一舟任董事长兼首席执行官,周云帆任首席运营官和首席财务官,杨宁则担任首席技术官。

网站的名字叫ChinaRen,但是公司的名字则叫沙岭信息技术有限公司,无疑,沙岭对应了Sandhill(网络相册)。网站定位在18到24岁的在校大学生,理由也很简单,一方面这是当时网络用户最集中的群体,另一方面,虽然

> **陈一舟名言**
>
> 我要说,成功的第一个条件就是坚持。要成功,就要把你的竞争对手甩在后面,而这一点上有时候就是靠时间来"耗着",等别人没有耐性、坚持不下去了、自乱阵脚了,找别的、更大、更时髦的领域去了,那么你很有可能就是坚持到最后的胜利者。

这一群体暂时还缺乏消费能力，但是今后却会成为消费的主力。围绕虚拟社区，强调技术的ChinaRen随后推出了：主页、游戏、邮件、日志，并且用户只需要一次注册，即可以使用多种功能。更为突出的是校友录，这也是今天社交网络最初的应用。

陈一舟名言

成功是小概率事件，来之不易。取得阶段性胜利后，在对市场和公司自身能力的判断时特别容易失误，这个时候，一定要"夹着尾巴做人"，千万不能得意，因为胜利的时候，失败就在不远处等着你。

——摘自陈一舟在宽带基金年会上发表的演讲。

这一时期恰逢互联网泡沫时期，ChinaRen也做足了"烧钱"的功课，1999年11月包装轮回乐队，12月举办"高校旋风行动"，2000年1月赞助"东京攻略"上海首映式以标志进入上海市场，3月开始赞助中国大学生登山队攀登珠穆朗玛峰。到3月28日的时候注册用户突破了100万。

通过高校行系列宣传，ChinaRen校友录人气迅速拉升，几乎成为中国学生必上的网站。然而即将到来的互联网泡沫让陈一舟打光了自己军火库里几乎最后一颗子弹，达到巅峰时，陈一舟口袋已空。上不了市，无法融资，命运也可想而知。

好在此时ChinaRen已经初具规模，仍然有斡旋的余地。2000年9月14日，搜狐在香港宣布以400万股股票收购ChinaRen，当时的价值约3000万美元。杨宁后来感叹：我觉得有的时候市场的力量非常非常大，就跟大自然的力量一样，不是一两个公司或一两个人能左右的，像上次印尼发生大海啸，市场的力量就像大自然的力量一样，太可怕了。

ChinaRen最大机构投资者高盛公司亚洲执行董事Shirley Lin说:"我们投资ChinaRen是因为我们对中国互联网市场的潜力及这间公司的管理层充满信心,对于现时能成为新搜狐公司的股东,亦感到惊喜。"之前,ChinaRen已经花掉了1000多万美元,被并购时,资金还可以延续一个月。

随公司进入搜狐之后,陈一舟的头衔是高级副总裁,主管搜狐的战略发展,负责开拓公司新业务。2000年10月,他请了两周的假,到美国去了解新技术的发展趋势。在美国的一个光通讯学术会议上,陈一舟发现一帮工程师有很好的技术方面的想法,但是缺少运作公司的经验。这让他骨子里的创业血液再度沸腾。

"我身体里面有很多的创业细胞和热情,创业对我来说是别无选择的爱好,没有办法可以改变。合并后我的第一件事情就是去找别的事情做。"陈一舟这样形容当时的创业冲动。

离开搜狐另创业

决定离开搜狐之前,陈一舟的创业思路已经逐渐清晰。2001年3月29日,他第四次来到达拉斯,那时候他已经把一个教授的关于宽带传输的研究,变成了发展其窄带加速的技术思路。

更重要的原因是,他有了新的机会。武汉那个时期正在致力于建设"光谷"。

有那么一次偶然的机会，在美国达拉斯的一次光通信会议上他又遇到了另一些合作伙伴，此时，他的情绪在"开个公司一下值10个亿"上。

陈一舟设想中的服务可以使拨号上网用户提高50%~100%的上网速度，费用是每月5美元，这一时期，美国有5000万拨号上网用户，陈一舟说，"这是大生意。"但此后"9.11"事件让资本市场更冷，而大公司对设备改善再没有兴趣。之后，陈一舟又试图在IP电话上找机会，仍然很不顺利。"人总是经过这种可笑荒唐的事情，才会改变。"

此后，陈一舟蛰伏了一段时间，这期间书籍成了他最好的朋友。

"1999年第一次创业的时候，是'初生牛犊不怕虎'，虽然做的是一个自己不太懂的东西，但是当时对于互联网，我们不懂、别人也不懂，再加上当时年轻，学得快，所以也取得一点小小的成就，因此我就认为做一个不懂的东西也能够成功。"他说。

2002年11月，陈一舟再次返回国内创立了千橡互动，开始他的第三次正式创业，套现搜狐的股票成为了当时的主要资金来源。之前的经历对于陈一舟来说，教训显然是深刻的。"吃过亏，所以会更加谨慎，因为害怕失败。教训之一是荷包里一定要有足够的钱，第二是不要盲目随大流。"

"不要低估陈一舟，他是两次互联网大潮中的幸存者，即使被打到谷底，他还是能爬出来。"一位陈一舟的朋友说。陈一舟后来总结："栽跟头越早越好，等老了再栽跟头，一切都来不及了。我非

常幸运,能在人生的早期失败过,这非常好。"

第三节 潜伏12年终成传奇

人人梦想

"天下人人"的梦想在人人天下的当今互联网时代颇显霸道,但回首2000年那个不寒而栗的春天,陈一舟或许提前给自己也给中国互联网企业一个合理的解释,让自己"变得更加完整"。与老东家张朝阳的高调、老战友周鸿祎的风光相比,千橡集团CEO陈一舟在传奇与颠覆性并存的互联网世界中绝对是一位另类的大佬。

从1999年踏入互联网开始,直至12年后的今天,围绕在他身上的关于骗子、流氓、狂人的各种指责从来没有停止过,而陈一舟始终犹抱琵琶半遮面,很少公开回应。于是,偶尔的一次开心域名之争后,"为求目的不择手段",便成为了大多数人对这位互联网巨鳄的唯一印象。

如果说彼时的陈一舟为了一块肥美的肉,忘记了自己狰狞的面孔,只顾粗暴且残忍地撕咬猎物,那么之后的陈一舟则越发像一条潜伏于浑浊水底的鳄鱼之王,透过一双没有血色的眼睛,窥视着一切可能的猎物踪迹。在他身后有秩序地跟随着同样睁着没有血色眼睛的猫扑网、糯米网……

他的捕食习惯还是一如既往,发现猎物,潜伏接近,然后一口吞下,甚至不去咀嚼。这一次,他又锁定了目标。2011年北京时间5月4日21时30分,人人公司正式登陆纽交所,其市值高达74.82亿美元,成为仅次于百度的中国

> **陈一舟名言**
> 我是在1999年那轮冲浪中倒下的,后来我站起来了,接着冲浪,站到现在。我们的危机感还是很强的,如果浪停了怎么办?或者是你的技术比较差,真的被其他的竞争对手踢下去了怎么办?从这个角度来说,我觉得永远要对新崛起的产品和公司保持一种足够的尊敬和畏惧,长江后浪推前浪,在我们这个行业里持续不断的动力是非常强的。

在美上市的企业。这也意味着陈一舟终于卸下了"目前未上市互联网公司中最后一个大佬"的称号。

不过，无论如何"鲠喉"，人人公司上市也就在眼前。这或许从另一个侧面证明了陈一舟有意通过人人公司的跑马圈地夯实自己，从而回马再战。陈一舟曾经表

> ### 陈一舟名言
> 我觉得互联网行业是此起彼伏、逐步上升的过程。就像煮汤一样，一下子这个地方鼓起来，一下子那个地方起来，水平面逐步往上涨，十年前的泡和十年后鼓起来的肯定不一样。要想成为一个长寿的互联网公司，我深刻地认识到比成为一个长寿的银行不知道要难多少倍。我们正好选择了这么一个难事，没办法，只有做下去。

示，当年巴菲特给他上课时曾告诫他，每个人做事前都要画一个圈，圈内是自己了解的，圈外是不懂和似是而非的。做事情，一定要做圈内的，而且这个圈内的事情越少越好，最好是只有一个，"少即多"。

从ChinaRen到校内网再到人人网，陈一舟似乎一直没有脱离自己的校园情结、社区情结。在人人公司成功上市以后，有网友笑称，之所以选择5月4日上市，充分说明了陈一舟骨子里还是个大学生。

"我是做社区出身的，那是我最擅长的事情。尽管那个时候还没有明确的商业模式，也没有想到如今SNS（社会性服务网络）和社区概念会如此火暴，但我已经明白自己能做什么，自己该做什么。"偶尔敞开心扉的陈一舟看上去也真的那么情真意切。"最关键的是我有感情、有经验，我知道学生需要什么。史玉柱做脑白金为什么成功，因为

他在农村住过很久,知道农民喜欢什么。道理是一样的。""两年前,我就提出要构建社会化商务网络,这个梦想至今都没改变。"执著的陈一舟选择了更加执著。"在社交网站,用户谈论最多的是什么?在交友过程中最希望得到哪些资讯与服务? 这就是千橡互动所能挖掘的数不完的商业价值。"

据调研机构eMarketer(互联网数据研究资讯中心)对Facebook(脸谱网)用户的一份问卷调查显示,全球互联网交友沟通的重要话题:一是去哪里旅游度假最开心,二是哪里有更适合自己的职业规划方向,三是交流自己在哪里买的东西最好。

千橡互动

2002年上半年的时候,陈一舟发现搜狐的股价有了起色。不过,这个时候,他持有的搜狐股票已经不多,"人没有长后眼睛啦",当然,当时门户都抓住了突然爆发的无线增值服务市场。

2007年4月,在ChinaVenture(投资中国网)创业投资年会上,陈一舟回顾那一时期:"我在美国已经穷到不能再穷了。我和一个天使投资人,吃麦当劳吃了8次,他吃的是3块钱标准的麦当劳,我是吃的5块钱的,我融了8万元。"到当年年末的时候,陈一舟携带从三位德州天使投资人中获得的少量投资,再次回国创业,这次模式明确,就是短信。

他创立了邀发短信科技发展(北京)有限公司。有一个创新,即用户通过

18dx注册获得页面之后，如果其他人在这个页面上发送短信或者定制服务，将会获得分成。陈一舟将其定义为无线C2C。不过，这一模式被视为无线联盟，随着运营商政策调整，没能得到进一步发展。当然，对应环境，无线业务还是做起来了，半年后开始赢利。

> **陈一舟名言**
>
> 在思考为什么要上微博，和SNS满足的需求区别是什么？总结了一下：SNS，人人网满足的需求是"认同"，几乎每个人都需要认同，这种认同大多是从周围的朋友和家人来。微博满足的人类需要是"影响"。人群中的少数人永远需要影响人群中的多数人，他们对被影响的人没有特别要求说是熟人。

陈一舟实际上已经错过了成长最好的时期，他之前的拍档，周云帆、杨宁在2002年年初创办了空中网，3月18日正式成立，几个月之后获得了300美元的风险投资。2004年7月9日，空中网在美国纳斯达克挂牌上市，前后只有两年零五个月。

陈一舟有一个认识，未来SP将同互联网内容密切联系，而社区可以创造出足够多的内容，因此他再一次把注意力放在社区上。于是创办了DuDu网，这一网站借鉴了韩国同类网站的思路。对应的公司为千橡互动，这一次的理由是，斯坦福大学校园内众多的橡树。

这一过程中，陈一舟逐渐注意上猫扑，被其搞怪的特征，娱乐性的风格所吸引，当时的域名是mopper（猫扑论坛），网站只有两台服务器，陈一舟后来对《中国企业家》说，在他家的阳台上，"猫扑站长和我一人坐在一个摇晃的吊篮里面，就像两只猫一样，晃来晃去一天，我们就搞定了。"之后域名改为mop的猫扑迅速发展，到2005年底，"经过两年多的成长，现在猫扑在全世界排名45，在中国也应该是10名以内的网站。"这成为了陈一舟一个新的基础。

2004年5月，千橡推出dudu网络下载加速器，涉足客户端领域。

2005年7月，AccelPartners阿塞尔伙伴投资千橡互动1000万美元。阿塞尔伙伴是美国重要的风险投资商，就在5月它刚刚向Facebook投资1 270万美元。一个月后，千橡收购了交友网站UUMe，其创始人、刘健出任千橡

陈一舟名言

创业帮们还是有机会的，只是门槛比以前高了不少，需要创业团队有非常理性的思维，近乎神奇的团队组合，以及超强的执行能力。否则，不容易成功，也不应该成功。年青的创业帮们，永远记住，当你跑得很欢的时候，第一代互联网的老同志们那炯炯有神、永远不知疲惫的大眼睛，正在盯着你呢。知道这点，你们会跑得更快，是好事。

联合首席运营官。刘建同样曾经在斯坦福就读，是陈一舟的学弟，有一个段子说：陈一舟将一辆旧车以6 000美元的价格出售给刘建，但是此后几个月，刘建花费更多的钱来维修这部车。

此时陈一舟有了一个理论：他的用户群体集中在学生和年轻白领，其中80%以上的社区用户位于中国发达地区。社区推动人们使用无线和客户端业务，反过来，无线应用和客户端强化了社区地位。

当然，他同时强调了，以人为核心的社区未来的广告潜力，在接受《第一财经日报》采访时，他说："当武汉某个街道的用户在晚上十一二点钟上网时，网页上弹出的是他家旁边热干面馆的广告，那碗热干面卖两毛钱我收一分钱，这是我理想中网络广告的极致。"

12月末，千橡宣布，猫扑将通过100%换股的方式合并Donews（IT社会和媒体平台）。陈一舟此后撰文说：Donews与猫扑的将来，他们会成为千橡公司并列且相对独立的两大网站。二者的用户群体及给用户创造的核心价值有很大不同，我们绝不会将二者强行融合。

融资收购校内网

2006年3月7日，千橡互动集团正式宣布获得4 800万美元的投资。投资由GA（General Atlantic）美国泛大西洋投资集团，DCM（Doll Capital Management）投资公司、TVC（Technology Crossover Ventures）、Accel Partners（世界五大风险投资机构之一）和联想投资等联合完成。其中GA出资一半以上，GA成立于1980年，管理资产达到80亿美元。之前的投资项目包括联想集团、神州数码及中星微电子。

关于业务的多元化,陈一舟在接受《环球企业家》采访时解释:互联网上第二波创业者肯定比第一波更难成功,上一波创业时,哪里都是空地,你占一片就可以。但现在,已经有几个大城市了,我们只能做游击队,一边找几片相对肥沃的草地,逐渐变成小村庄,再变成城市。一边寻找其它草地。

陈一舟名言

要知道一样东西想做长久,就不可能增长太快。长得快又能长期存在的事情轮不到你来做,别人肯定早就做了。天上从来没砸下过馅饼,我头上从来没有过,每个都是我接了半天才接住的,而且不是馅饼,是小汤包。

不过这一寻找的过程,看来颇多坎坷。2006年9月27日千橡突然宣布裁员150人,同时裁减掉视频等部门,随后在接受《北京晨报》采访时陈一舟解释说:播放微视频需要巨大的带宽投入,可竞争对手却已经上百家,千橡不愿再押宝于此。"我会用10个人撑三年。"

同时被取消的还有dudu网络下载加速器,此类软件正处于流氓软件争议的旋涡之中。"有争议的业务我不做了,这是一块是非之地,对千橡来说,最重要的是商誉。"

在就近接受Donews采访,谈到年轻员工时,陈一舟说:我肯定让他们失望了。我很早就发现了泡沫,也很早就喊出了有泡沫,但行动依然有些晚。"我们这个行业没办法,就是有大量赶时髦的现

象,与其守到最后,还不如急流勇退。早退出,少损失。"而就上市的问题,陈一舟表示:2008是一个很重要的广告年,猫扑和DoNews早上市,可以做一个比较早的规划,在2008年有一个较好的收获。

2007年4月《环球企业家》刊载《千橡幻象》一文,文中认为:虽然千橡至今对外宣布去年收入规模达到了8 000万元人民币,但公司外知情人士称,政策变革使其无线业务收入少了2/3,这直接导致了2006年9月千橡的骤然裁员。

11月24日,千橡宣布进军门户网站。猫扑网的新门户包含新闻中心、互动中心与娱乐中心三大部分。千橡宣称,与传统门户网站相比,猫扑门户将更突出互动的功能。

不过一个月后,千橡再次宣布,基于成本方面的考虑,进行第二轮裁员,计划取消在线事业部,负责媒体对外宣传的部门也将取消。

到2007年1月,千橡表示,不仅人员方面出现了变动,相关业务线也将予以重组,同时缩减对应的市场营销推广以及社区支持人员。于是刚刚宣布进军门户的猫扑所招募的员工,顿时面临尴尬境地。

不过,从事后看,2006年属于陈一舟的幸运年。事实上自校内网推出之后,陈一舟一直在商谈收购,但是没有结果。暑假的时候,校内和5Q开始正面交锋,校内网通过高校校园大使推广,而5Q则"用户注册换鸡腿",随后就有了有人反复注册获得40余个鸡腿的笑话。

不过,2006年9月由于校内网商业模式仍不清晰,融资遇到困难,最终出售给了千橡。业内传价格是200万美元。

资本为王

把时钟拨回到2005年,那正是Web2.0浪潮兴起的时代。在短短的几年间,陈一舟和他的千橡集团如同坐过山车一般,惊心动魄地在惊涛骇浪中寻找自己的生存机会。

陈一舟最早的梦想是将猫扑网弄上市。那时候从陈一舟到最基层的一个销售员,口里的话永远是"我们要上市",这种接近疯狂的广告行为让很多互联网公司不齿却难忘。与此同时,猫

陈一舟名言

中国互联网公司到国外上市,说实话不是太容易的事情。换个角度说,如果中国允许全世界所有的公司来中国上市,一下来了10家越南公司,都说着不太流利的中国话,还介绍说增长都超过10%,可能你还是不会放心,会想中国公司不也挺好么。

扑网的广告联盟似乎又给陈一舟画上了另外一个符号。《王建然对猫扑联盟的认识和申诉信》、《打陈一舟猫扑联盟屁股之大尺寸代码陷阱》、《写给猫扑CEO的一封信》、《拿什么保护我们弱势站长的权利,MOP的无耻和欺骗》等文章广为流传,彼时在互联网站长圈中,猫扑网和陈一舟本人基本被划归为"骗子"的同义词范畴。

事态的恶性发展,最终导致陈一舟从浮躁走向暴躁。2006年11月,国家对电信及相关增值业务开始整顿,猫扑网上市的梦想崩盘,千橡集团收入锐减70%。尽管此时的陈一舟很少公开露面,但他的心态已经接近了疯狂。此后的两年间,千橡集团通过收购聚拢了近10家网站。据当时接近陈一舟的人透露,当时的陈一舟满脑子都是融资和上市,想通过SP业务配以令人眩晕的大型网络架构来说服投资者。

奇迹并没有发生。"天灾"(SP的半扇政策大门突然关闭)和"人祸"(周鸿祎发起反流氓软件的江湖混战)使陈一舟不得不放弃了视频、客

户端等诸单元,并且接受SP业务缩水2/3的事实。

虽然大型网络构架进展极其不顺,但陈一舟依仗着金融大棒在资本市场里所向披靡。2005年7月陈一舟获得几家公司对千橡集团投资的共58000万美元。堪称当时互联网领域最大手笔的风投。

彼时在陈一舟的身上,不停地闪现着"资本运作高手"与"企业经营低能"两个标签。人们甚至怀疑如此的怪胎能否驾驭迅速膨胀的千橡集团。事实也正如怀疑的那样,在获得巨额融资仅半年后,千橡集团就裁员300人。之后猫扑网上市的梦想崩盘,千橡集团再次裁员三分之一。

陈一舟从来都不承认,2006年7月电信政策调整导致SP事业大幅缩水是千橡集团走下坡路的拐点,但其给千橡集团和陈个人带来的影响,也是显而易见的。之后的陈一舟更像一条无论咬没咬住猎物,都会悄悄且迅速地将身体隐藏在水面之下的鳄鱼。就在大多数人猜测陈一舟是否也会像当年史玉柱那样,将自己锁在黑暗的屋子里时,陈一舟自己却捕捉到"纯粹"的含义。于是,一个"中国的Facebook"的轮廓逐渐浮出水面。虽然日后人人网的纯粹被认为过于肤浅。

在整个2007年,千橡集团既没有延续收购之举,陈一舟也没有再放出任何豪言。直到2008年4月,陈一舟宣布千橡集团收到来自软银等公司的融资4.3亿美元。这一重磅炸弹的瞬间落地,让很多业内人士平生几丝凉意。而了解这笔巨额融资过程的人,则更感毛骨悚然。当年,阿里巴巴的马云在卫生间里,用了6分钟搞定了8 000万美元;而陈一舟同样是在卫生间里,比马云还少用了1分钟,就从孙正义那里拿到了4亿美元的融资。

这是中国互联网有史以来最大一笔私募融资,这个毫不逊色于一次上市的融资额,足以让每个人侧目。

要知道,腾讯当年赴香港上市的融资额仅仅是1.9亿多美元,而百度在纳斯达克上市的融

> **陈一舟名言**
>
> 雅虎CEO巴茨被给予了足够多的时间,没有做好,被解雇是正常现象。另外,行业风雨莫测,雅虎就算请神仙来也是不太好转向的一条大船。

资额只有1.09亿美元。照此计算,千橡集团市值约12亿美元。要知道,很长一段时间里,搜狐市值也才10亿美元。而已经上市的新浪、网易等大型门户的市值在20亿美元左右。

"这次融资比一般公司上市融资的钱还多。"陈一舟也这样说。这次融资让他得到了"目前未上市互联网公司中最后一个大佬"的称号。这笔钱,足够让陈一舟在梦想之路上驰骋得威风八面。实际上,1999年从美国西海岸毕业的陈一舟,其"光荣与梦想"之路并不显得复杂。

除了卖掉ChinaRen后在搜狐半年短暂的"高级副总裁"经历外,陈一舟几乎没有担当过打工者的角色。在追逐梦想的路上,他一直掌握着主动权。在沉寂许久以后,人们担心的那条随时可能以任何一种形态出现的大鳄一跃而出。

> **陈一舟名言**
>
> 我们人人也认识到面临最大的机遇也是无线互联网,我们40%的用户来自于智能手机,上市要每一个季度要做一个财报,我们通过各种各样的办法让员工、让我们做事的方法去适应无线互联网发展的快速度,它的发展速度比PC互联网发展的速度快三倍以上。

开心之争

陈一舟曾经透露,孙正义和他对互联网的判断一致,"我们都认为真实的SNS是无线互联网上最大的应用。"

有传闻,陈一舟赌性颇重。2006年9月购入校内

网，应该说是陈一舟这位"最后的幸存者"的又一次豪赌。千橡旗下5Q.com
在和校内网的竞争中全面落败，陈一舟干脆出高价收购了竞争对手。源于
ChinaRen时代校友录经营的经验和校内网原有的基础，千橡集团收购后
的校内网的发展相对千橡集团其它业务而言有了很大起色。而来自软银
的风险投资也让陈一舟看到了上市梦圆的希望。

在融资披露之前，陈一舟在媒体交流会上表示："国内SNS的战斗也
已经结束。"这个行业最稀缺的资源是用户，喜欢用这个服务的用户是有
限的，可能中国也就两三千万。而在融资披露后，他强调，即便没有融资他
也那么认为。

但事实证明，陈一舟的结论似乎下的早了一些。2008年3月，开心网的
横空出世给予了陈一舟无情的一击。最初的时候，人们并没有对域名为
kaixin001(开心001)的社交网站足够重视，但是随后来自各处即时通讯软
件、邮件的邀请链接，终于促使人体验了一下。之后被其中的朋友买卖、停
车游戏所吸引，很快乐此不疲，为了获得更多虚拟币，很快也加入到热情
邀请朋友加入的队伍中去。

从2008年5月份开始，在流量统计网站Alexa(排名查询网站)上，kaix-

in001的曲线不断向上。当年9月，北极光创投向开心网提供了400万至500万美元的风险投资。北极光创投投资合伙人吴炯表示："这只是第一笔风投，按照北极光的模式，风投资金还将继续追加。"实际上，就在这个月，根据Alexa的统计，开心网的流量已经赶上了校内网。

面对竞争对手的疯狂紧逼，陈一舟看起来很淡定。同在当年的9月，中国互联网大会期间，陈一舟表示：我们是在不同的领域竞争，我认为开心网最大特色是发明了两个白领们很喜欢玩的网游，这类公司未来会很多，因为它的壁垒不高，很容易模仿。

但私下里已经被吓到了的陈一舟赶忙搬出5Q.com（5Q校园网）和校内网对垒时的招数，用一般人难以拒绝的条件向开心网发出收购意向，但显然开心网程炳皓希望将"让人们开心一点"的事业进行到底，拒绝了陈一舟的收购邀约。陈一舟的第一次试探性进攻宣布失败。

有经验的猎人都知道，当动物略微后退时最危险，这代表着它即将露出自己锋利的獠牙。显然陈一舟的第一次试探只是放了一个烟幕弹。2008年10月10日千橡集团证实已购买域名kaixin，但表示用途方面暂时还没有计划。4天后和开心网从名称到形象、从页面到功能几乎毫无区别的山寨kaixin.com上线，连周鸿祎都曾感叹："这次开心网遇到了真流氓。"

而山寨kaixin.com的手段更是流氓到了极点，当时MSN的"遛狗"小游戏很是风靡，山寨kaixin.com便和MSN合作，MSN侧边栏的游戏button直接指向山寨kaixin.com的游戏模块。作为回报，山寨kaixin.com要求用户通过MSN账号进行网站登录。"这要求输入MSN的账号和密码"，业内人士回忆当时的情景时表示，"输入和登陆本没什么问题，但山寨kaixin.com将用户的MSN好

陈一舟名言

过五年后，50%的互联网用户通过视频手机来上网。那个时代的巨大改变，对现有大公司来说，一半以上都可以消亡了，也会有新公司崛起。产生一块钱新的价值，要干掉十块钱老的价值，这是一个负和的东西，不是零和游戏。当然，这是比较悲观的看法。乐观的看法是，损失一块钱老价值会产生一块钱新价值，总消费会增加，但纯利不会太多。

友列表直接读取，随后狂发带有暧昧信息的垃圾邮件，邀请用户到人人网注册。注册时继续需要用MSN账号和密码登录，从而循环往复。"

去年10月26日，由北京市第二中级人民法院进行的一审宣判，判定千橡互联及千橡网景公司侵权事实成立，责令其停止使用与开心网相同或近似的名称，但仍可沿用kaixin.com域名，同时向开心网(kaixin001.com)赔偿经济损失40万元。

随后陈一舟试图"相逢一笑泯恩仇"，发表博文称程炳皓是自己一直由衷钦佩的竞争对手，并称程炳皓曾传授过减肥秘方给他，双方曾是很好的朋友。

程炳皓则对陈一舟的反应嗤之以鼻。他在内部邮件里称仅与陈一舟见过两次面，并很遗憾其建议的减肥方法没有奏效。程炳皓同时明确表示，"做企业如做人，言行应一致。而且，行胜于言。开心起诉千橡，也绝不是因为他与陈一舟有什么私人恩怨，而是因为开心网不能允许他的合法权益如此被人践踏。"

现在看起来，陈一舟的道歉只是为了迅速解决和开心网的纠纷而不至于影响上市的行为。坊间人士对陈一舟的这种行为很为不齿。但显然，程炳皓也不会那么容易的放过陈一舟。在老东家张朝阳的冷嘲热讽以外，来自开心网的标枪才是陈一舟要面对的真正挑战。

4月11日，北京市高级人民法院就此案件进行了二审公开审理，并当庭作出判决，维持一审判决结果。仅仅十几天后，4月26日，世界知识产权日。开心网以不满二审审结的"真假开心网"案的结果为由，向

最高人民法院提出申诉，要求再次审理。陈一舟当初迅速了结"真假开心网"案就是为了不影响上市，但最关键时刻，还是被开心网所拦截。网友对此的评价更为直接，"这可说是开心网对当年千橡集团创办山寨开心网的报复。陈一舟他活该"。

> ### 陈一舟名言
>
> 要在无线互联网上做事情，特别是能持续的事业，好比在流沙上构筑壁垒，难度相当大。但是，每次计算平台的改变和迁徙，都会产生巨大的机会：对小公司，VC，是好事；对大公司，一般说来是坏事。

当然，一场过了时的诉讼肯定不会成为人人网登陆纽交所的绊脚石，但影响人人网的股价则是相当可能的，最坏的结果是人人网达不到预期，融不来5亿美元。

DCCI（中国互联网监测研究权威机构、数据平台）互联网数据中心创始人、资深互联网专家胡延平对此的分析则更为客观："和奇虎360上市的一帆风顺相比，人人公司上市未必能顺利成功，这是因为他们还差一口气，这口气就是让陈一舟如鲠在喉的开心网，而陈一舟的性格也变得更加完整。"

梦想成真

目前的陈一舟已经把这三块业务牢牢地抓在了自己的手里。2009年年初，千橡集团收购国内著名旅游网站艺龙网23.7%的股份，陈一舟在自己的社交电子商务帝国里攻下了一个重要的城头。

"艺龙网应该是千橡互动整合电子商务领域的第一步。在线招聘、C2C、B2C都将是千

橡互动未来需要开拓的战场。"一位熟悉陈一舟的人士曾经表示。由此不难得出,千橡互动决心进入电子商务领域,需要的不是某一块业务的强势,而是整个"社会化商务网络"(包括在线招聘、C2C、B2C)的全方位联动。而"千橡艺龙"的联姻,陈一舟需要的绝不仅仅是逻辑方面的业务整合。他已经开始颠覆B2C的现有生态链。

去年团购兴起,千橡集团又成功借助自身庞大的客户优势,创建糯米网。本次IPO业务包括:人人网、人人游戏、糯米网和经纬网。按照一般的观点,人人网是中国的Facebook、糯米网是Groupon(高朋网,是一个团购网站)、经纬网是Linkedin(邻客音,全球最大的职业社交网站)。其中Linkedin是美国最新兴起的"职场中介社交网站",通过一款名为"猎头"(Recruiter)的人力资源协作系统,让企业共享其中的求职者信息,并提供会员点评推荐模式进行人才招聘,每年向企业用户收费在5 000~7 000美元不等,现已累积近万家企业用户。2007年6月,Linkedin获得第四轮融资5 300万美元。2008年10月,Linkedin又获取2 270万美元的第五轮风险资本。

业内人士分析,"SNS B2C"的结合还能做更多有价值的事,毕竟用户在社交网站所发表的每一篇产品及服务评论,都是有效的商业信息。在某种程度上,社交网站同样能在互联网营销领域开拓一片天地。

现在,越来越多的社交营销理念出现在社交网站上,据团购网站、电商平台相关人士介绍,来自人人网、开心网、微博等社交网站的流量已经占据了这些网站流量的三成以上。也许,陈一舟旗下的社交电子商务帝国已经成型。

陈一舟名言

大公司最怕的就是革命,好比恐龙害怕温度的改变。无线互联网上未来成功的新公司,如果只能用一个形容词来形容,就是"快"。在流沙上,只有蜥蜴才能存活;在湍流里,快鱼吃慢鱼。

Facebook、Groupon、Linkedin,陈一舟在空中画了一个大大的圆,社交电子商务的链条几乎被他一网打尽,这个美丽的气球已经飘往大洋彼岸。当上市的钟声响起,陈一舟"天下人人"的梦想是破茧成

蝶还是一戳即破,或许在这个谋定后动的湖北人的心里,早就有了自己的答案。

经验心得

千橡CEO陈一舟现身说法,以自身教训向中国互联网从业者提出两大忠告:少即多,慢则快。

陈一舟表示,当年巴菲特给他上课时曾告诫他,每个人做事前都要画一个圈,圈内是自己了解的,圈外是不懂和似是而非的。做事情,一定要做圈内的,而且这个圈内的事情越少越好,最好是只有一个,"少即多"。

陈一舟称,自己的投资和创业都遵循了这个原则。比如他曾把自己的钱全部投到腾讯母公司MIH集团的股票上,当初这个公司不过5亿美元,结果现在翻了10倍,赌的事情越少,成功起来就越大。千橡这些年来一直专注在社区,并且已经形成了猫扑、校内、UUme、DoNews四大社区的格局,未来10年我们希望拥有10个社区。

陈一舟的另一个忠告是"慢则快",他表示,目前中国的互联网倾向于

快速发展,这与从业者年轻,吃的亏少有关,创业者往往不顾客观因素一味求快。比如,去年一夜兴起无数视频网站就是一个典型的例子。他认为,一个项目能有多大,首先取决于这个项目本身。比如水稻一年只能3熟,但你非要他10熟,于是就揠苗助长,结果只能是被"烧死"。

陈一舟认为,正确的做法应该是首先搞明白这个项目的DNA到底可能长多大?然后再决定烧钱的大小和速度。段永平正因为深谙此道,因此他才能从不参与创业,却能成为从中国互联网赚钱最多的人,仅从网易的股票上就赚到两三亿美元。有些事情看起来慢慢腾腾,但是速度其实很快。

陈一舟表示,千橡在"快与慢"上有过教训。嘟嘟加速器本来可以成为迅雷,但急于求成,并过早地期望其盈利。陈一舟表示千橡现在的哲学是:做的事情不贪多并集中到自己擅长的,然后使用全部的精力和金钱,支持其稳健的发展。

第十章　名导演的不朽传奇

人物传奇

　　他是中国"第五代"电影人的顶尖人物,他拍过的影片题材广泛,有农村的、城市的,有历史的、现实的。他的影片在国际上屡屡获奖,使沉寂多时的中国影片开始受到世人瞩目,并在强手如林的世界影坛独占一席之地。在经历了《三枪拍案惊奇》和《山楂树之恋》两部颇受争议的影片之后,今年他终于回归正规,新片《金陵十三钗》备受期待。

第一节　人物解读

个人简介

　　张艺谋,1950年11月14日出生于陕西西安。中国著名电影导演,2008年北京奥运会开幕式、闭幕式总导演,中国"第五代导演"的代表人物之一,获得过美国波士顿大学、耶鲁大学荣誉博士学位。其拍摄的电影多次获得国际电影节大奖,是中国在国际影坛最具影响力的导演。早期他以执导充满中国传统文化的电影著称, 艺术特点是细节的逼真和色彩浪漫的互相映照。2002年转型执导的武侠巨制《英雄》开启了中国电影的"大片时代"。他的电影风格勇于创新,且涉及题材广泛,每次上映都能引起国内舆论的高度关注。在电影人材的提携上,张艺谋捧红的"谋女郎"也是媒体和公众聚焦的对象。

主要获奖电影

1988年《红高粱》获第三十八届柏林国际电影节最佳影片金熊奖;

1990年《菊豆》获第四十三届戛纳国际电影节首届路易斯·布努力埃尔特别奖;芝加哥国际电影节最佳影片——金雨果奖;

1991年《大红灯笼高高挂》获第四十八届威尼斯国际电影节银狮奖;

1992年《秋菊打官司》获第四十九届威尼斯国际电影节最高奖——金狮奖,最佳女演员奖(巩俐);

1994年《活着》获第四十七届法国戛纳国际电影节评委会大奖、最佳男演员奖(葛优);1995年《摇啊摇,摇到外婆桥》获法国第四十八届戛纳电影节最佳技术奖;全美影评人协会最佳外语片大奖;

1999年《一个都不能少》获第五十六届威尼斯国际电影节最高奖——金狮奖;

2000年《我的父亲母亲》获第五十届柏林国际电影节评委会大奖——银熊奖;

2002年《英雄》获第五十三届柏林国际电影节阿尔弗雷德·鲍尔奖、香港金像奖7项大奖;

2004年《十面埋伏》获美国导演协会杰出贡献奖、美国国家影评人协会最佳导演奖。

2005年《千里走单骑》,荣获华表奖优秀故事片奖、第二十六届香港电影金像奖最佳亚洲电影大奖。

2006年《满城尽带黄金甲》,获美国第三十三届"土星奖"最佳服装设计奖、第二十六届香

港电影金像奖最佳女主角：(巩俐)；最佳美术设计、最佳服装设计、最佳原创电影歌曲。

2010年《山楂树之恋》入围柏林电影节水晶熊，获华表奖优秀故事片奖。

2011年《金陵十三钗》入围第六十九届金球奖最佳外语片提名。第五十九届美国音效剪辑者协会（MPSE）"金卷轴"奖，第六届亚洲电影大奖6项提名。

此外，《英雄》《大红灯笼高高挂》《菊豆》均获奥斯卡金像奖最佳外语片提名；《摇啊摇，摇到外婆桥》《十面埋伏》获奥斯卡金像奖最佳摄影提名；《满城尽带黄金甲》获奥斯卡金像奖最佳服装设计提名。另外张艺谋的电影已经第五次被提名美国电影金球奖最佳外语片。

影帝头衔

1987年张艺谋凭《老井》获日本东京国际电影节最佳男演员奖，成为中国的首个A类国际电影节影帝。

1988年7月5日，张艺谋由于成功地塑造了《老井》中的孙旺泉的形象，一人捧走了第11届《大众电影》"百花奖"和第8届"金鸡奖"两项最佳男主角的桂冠，成为万众瞩目的金鸡、百花双料影帝。

> ### 张艺谋语录
> 我们有很严格的电影审查制度，我们还要让青少年看，中国没有电影分级制度，8岁和80岁都要看，你说把性表现到什么程度？你写那个虽然铺着被单，被单下面的描写根本拍不出来，那个东西是相当的露骨，所以这个实际上都要调整的。

第二节 从工人到名导演的奋斗史

生活经历

张艺谋1950年生于一个普通的中国工人家庭,原名张诒谋。因为父辈几人曾是农民又是地主,是有"历史问题"的人,他们家的后代也受到了株连,受到了社会的歧视。1968年,张诒谋初中毕业后到陕西乾县峰阳镇刘家村插队,后在陕西咸阳市棉纺八厂当工人。厂里的工人陕北口音重,总是把他叫做"壹谋",还有人不认得那个"诒"字,念成了"治",他一想之下,干脆把名字中的"诒"改成了"艺"。这一字之改非同小可,他从此竟与艺术真的结缘。

在工厂的日子里,张艺谋迷上了摄影。美丽的自然风光令他沉醉,工余时间常一个人跑到郊外去拍照片。虽然那时他只能拍一些黑白照片,但通过他的精心构思,每张照片都是那么漂亮。他的摄影作品常常被工人们争相传看,名气渐渐大了起来,厂里的宣传科也经常借他去搞搞宣传。七年的时光就这样过去了,所幸在此期间张艺谋结识了一位懂艺术的人,那人"文革"前曾考上了电影学院,只因十年动乱未能入学。这位知音告诉他,你的摄影水平已经达到了可以深造的地步,应该去报考电影学院的摄影系。

"文革"结束后,中国恢复了高校招生,张艺谋在《人民日报》上看到了电影学院的招考启事。他抓住一个出差的机会,背上自己的摄影作品赶往北京。主考的老师们看了他的作品,一致认为

> **张艺谋语录**
>
> 我觉得其实我一直沿着文学作品改编的道路走,一直到《英雄》我仍旧想这样,只是我想拍武侠电影,我喜欢武侠小说,但是金庸、古龙所有的名作都被港台拍了八遍了,我都拿来看,我觉得拍的太多了,没有合适的情况下就干脆自己攒吧。我没有那个能耐去自编自导,我也不想装成这样。所以,我还是希望看别人的东西,受到启发。

不错，可是招生简章上规定入学的最高年龄是22岁，张艺谋当时已经27岁了！所幸吉人自有天相，张艺谋在无奈之中又得到一位好友的建议，将自己的作品托人送给了当时任文化部部长的黄镇。惜才识才的黄镇看了他的作品，

认为的确不错，遂促使电影学院破格录取了这个学生。张艺谋作为一名"代培生"开始了渴望多年的大学生活，1982年毕业后，他被分配到广西电影制片厂当摄影师，从此开始了电影生涯。

张艺谋的妈妈是西安交大二附院的医生，张艺谋出生于1950年11月14日早晨七点，张艺谋的爸爸当时是让一个日本助产人士给妻子接的生。

张艺谋的名字是父亲给起的。当时据说他的父亲想了又想，拿一张红纸条，写了三个字：张诒谋。为什么要起这个名字？诒者勋也。原来父亲是希望孩子将来能有所成就。因为这名字，张艺谋上学后还出现了一些有意思的事。由于"诒"字不好写，有人把他的名字写成张治谋，有人写成张冶谋，还有同学跟他开玩笑，叫他张阴谋，他一气之下就自己把名字改了，叫了现在的"艺谋"。

张艺谋最喜欢看的是民间故事和名著。什么《红楼梦》《水浒传》《三国演义》，张艺谋在小学、中学阶段就已经把这些书看完了。他表姐说："谋谋小时候和人家巷子里头的小孩儿玩儿，他从不

跟谁打闹，人家就叫他讲故事。好多小孩儿都围上来，都听得入神了！"

张艺谋最怕的是他父亲。但他从来没说过，艺谋拍《红高粱》的时候吸那个纸烟没完没了。父亲专程到西安去了一趟。到了他那儿一看，果不其然，有烟味儿，有烟灰缸，都在那儿放着。父亲当即给他写了张字条，让他立刻戒烟。他就把烟给戒掉了。后来别人问他为啥不吸烟了，他就说：他想多拍几部片子。但其实是父亲的字条起了作用。

导演生涯

实际上张艺谋在电影界崭露头角，并不是从《红高粱》开始，而是早在数年之前。1984年，刚刚从电影学院摄影系毕业不久的他就参加了电影《一个和八个》的拍摄。这是一部在中国电影史上具有划时代意义的影片，它被列为"第五代"电影人的第一部作品，从形式到内容以及在导、摄、美等方面都较以往各代的片子有大的突破。张艺谋作为该片的摄影之一，开始受到电影界的注意。

同年，张艺谋又独立担任影片《黄土地》的摄影。在这部片子中，他充分调动摄影手段，以独特的造型表现出黄土高原浑朴、雄伟的壮美。评论界认为，这种手法在美学上是具有开拓性的，张艺谋也因此获得第五届中国电影"金鸡奖"的最佳摄影奖，从此跨入一流摄影师的行列。

1986年，张艺谋又担任影片《大阅兵》的摄影。该片放映后同样在社会上引起强烈反响；

1987年，由于一个偶然的机会，张艺谋在影片《老井》中担任主角，非演员出身的他居然无意中过了一把演戏的瘾。由于过去对农村生活有亲身的体验，他深刻地理解了角色，演来很是得心应手，竟把一个北方农村知识青年孙旺泉

的形象表现得活灵活现。凭着他的表演才华，他连获了日本第二届东京国际电影节最佳男演员奖、第八届中国电影"金鸡奖"最佳男主角奖和第十一届大众电影"百花奖"最佳男演员奖，从此开始实现他电影创作的三部曲，由优秀摄影师走向优

张艺谋语录

谁说奥斯卡是我未了的心愿，我一直说那是可遇不可求的事情，我不可掌控，还是那句话，这是美国人的游戏规则，我不想那些你无法掌控的事情。

秀演员，以后又走向优秀导演。张艺谋擅长运用电影修辞寄寓审美理想，建构电影文本的内在意蕴，创造了"有意味的形式"，也实现了艺术和商业的双赢。他的电影打上了浓烈的"张氏风格"的烙印，其修辞艺术特色主要体现在：鲜明突出、富有民族特色的色彩配置；强调纵深动感的多层次构图；突显隐喻手法。

2008年奥运会导演组人选从很早就开始公开招标，最初共有13个竞标团队，第一轮刷下8个之后，5个竞标团队进入候选，最终由奥组委选择确定以总导演张艺谋，副总导演陈维亚、张继刚为主的导演组成员。应该说，张艺谋的艺术才华来源于他对社会与生活的深刻感悟，而且是与他年轻时的生活经历和积累分不开的。正是那些坎坷的、充满了挫折的生活，使他懂得了思考并且能以独特的视角观察社会、审视历史。

作品影响

对于大多数观众来说，知道张艺谋这个名字是在看了他导演的影片《红高粱》以后。这部片子，以中国观众过去未曾见过的浓烈色彩和豪放风格，在中国影坛上炸开了一个响雷。尽管在电影界内外，人们对这部片子褒贬不一，争论激烈，可是到头来，张艺谋对电影语言的出色运用以及他在这部片子中所塑造的与众不同的银幕形象，还是得到了国内外同行的交口称赞。1988年，《红高粱》不仅获得了中国的"百花""金鸡"两项大奖，还在第38届西柏林国际电影节上征服众多评委，获得了最佳影片"金熊奖"。这个"金熊奖"的获得，标志着中国影片开始真正走向世界，于是，张艺谋和《红高粱》理所当然地成了神州当年最热门的话题。

张艺谋语录

好电影在人的心里，没有一个标志，三大电影节是艺术电影最高的，是不是标准？未必，我做过评委，也做过主席，就是七个评委当年口味决定的，七个人又不是上帝。

张艺谋是中国"第五代"电影人的顶尖人物，他以直觉把握的形式天才地表达社会心理愿望，传送、显现大众心中的密码，这种内在心理密码的传递和内在的约束的强制与类型化的商业电影在深层次正好相通。张艺谋的本领在于他能强烈而不失准确，适时而又超前地拨动中国百姓的心弦，展示中华大众心态。张艺谋对中国电影有着不可低估的作用，他拍过的影片题材广泛，有农村的、城市的，有历史的、现实的，武侠动作的，战争的，无论是表现贫民生活还是描写宫廷贵族，他都注重挖掘人物内心的东西，而且表现手法也不断更新。他的影片在国际上屡屡获奖，使沉寂多时的中国影片开始受到世人瞩目，并在强手如林的世界影坛独占一席之地。这就是张艺谋影片驰名中国和世界的重要原因。

第三节　万众瞩目的奥运会

经历

2000年2月，张艺谋正式接受聘请，拍摄北京申奥宣传片。张艺谋表示，要通过此片，告诉世人，我们有能力申办和承办奥运会，让一向以硬功见长的国际影星成龙，在宣传片里打起了太极拳。

2001年，张艺谋的申奥宣传片帮助北京获得成功。

2003年初，张艺谋再次接到奥组委的"任务"，他将执导奥运会徽发布仪式和宣传片。会徽发布仪式在天坛祈年殿举行，张艺谋任总导演。他说："祈年殿是中国传统文化的象征，我

> **张艺谋语录**
>
> 我最早上电影学院是想考大学，改变身份，我在咸阳做了七年工人，想改变命运，那个时候还想考体院，还想考美院，最后想考录入分数线比较低的西北农学院，后来考上了电影学院，觉得这是一个天大的馅饼。

们要把它跟现代奥林匹克精神相结合，舍弃传统晚会的构思。"

2004年雅典奥运会闭幕式上的8分钟的接旗仪式，是北京奥运会倒计时的开始，也是张艺谋第一次向全世界观众展现北京奥运。

2006年在多家导演团队的竞争下，最终北京奥委会任命张艺谋担任2008年北京奥运会开闭幕式的总导演，为此他还"息影"了3年，全身心地为此做好准备。

奥运开幕式

2008年8月8日晚，北京奥运会开幕式在"鸟巢"盛大举行，现场近10万观众，全球超过20亿人通过电视观看了开幕式，本届奥运会开幕式也创下了人类历史上节目收视率的最高记录！

美国，俄罗斯，英国，德国，法国，日本，韩国等等大量外国媒体纷纷对北京奥运会开幕式给予了高度评价，称这是艺术之美的杰作，惊艳震感，

中华文化的缩影。

因成功执导开幕式,张艺谋受到了世界的瞩目,更是入围美国时代周刊年度人物的评选(与美国总统奥巴马、法国总统萨科齐等人一起提名),也获得2008影响世界华人大奖。

韩联社的报道说,中国著名导演张艺谋在实现中国人百年梦想的北京奥运会开幕式上,让神话成为现实,为全世界65亿人口完美呈现了"满汉全席"——单凭观赏就能饱尝艺术之美的杰作。

报道说,鲜艳的色彩,强烈的对比,唯美的影像,以及结合实物与特效的前卫的尝试,展现出波澜壮阔的历史画卷,而这几千年的历史,正是靠人的手创造出来的。

据英国广播公司报道,开幕式场面"盛大壮观"。报道说,北京奥组委承诺一个盛大的开幕典礼,目前看起来已经实现。(英国BBC)主持人休·爱德华兹在实况转播北京奥运会开幕式时评论说,开幕式充分显示了中国人的自信。

欧洲体育台主持人称,北京奥运会的规模超出任何想象,它简洁、超常、令人惊叹。

俄罗斯国家电视台全程直播了北京奥运会开幕式盛况。现场评论员赞叹说:"北京奥运会开幕式史诗般展现了中华民族的文明长卷。这是中国所独有的,不可复制的。"

日本共同社报道,这是亚洲时隔20年第三次举办夏季奥运会。中国拥有13亿人口,是全球人口最多的国家。此次中国高举"同一个世界,同一个梦想"口号。

盛大的文艺表演展现了中国悠久的历史画卷,尾声部分会升起巨大的"地球",以此强调大会主旨。

日本广播协会电视台在转播时评论说,开幕式上的表演具有强烈的中国特色,如太极、京剧、提线木偶、演员服饰等节目,表演壮观而有气势,融合了传统和现代理念,没有局限性,全世界都能感受到开幕式的表

达。主持人不时为精彩的表演发出由衷的赞叹。

法国国家电视台的评论员说,这个精彩绝伦的开幕式是中国人精心准备了超过三年时间的结果,这个"鸟巢"虽然是由外国人设计的,但开幕式演出百分之百是中国味的。他赞叹中国历史的悠久古老、中国文化的博大精深。

> ### 张艺谋语录
>
> 当时刚拍完《三枪》,大家感觉要为我打翻身仗,他们认为《山楂树》不是一个打仗的材料。实际上我还是在爱惜和珍惜我那点原始的感动,这种原始性的东西让我对电影的结构和方向也是采取了一种娓娓道来的、让人心动的感觉,不想让他们哭天喊地。

除电视媒体,法国的《费加罗报》《世界报》和《队报》等主流纸质媒体也迅速在其网站上对北京奥运会开幕式进行了报道。

法新社评论说:"北京奥运会揭开了序幕,开幕典礼十分壮观,烟花照亮了整个北京夜空。从古老的朝代到现代大国,北京奥运会开幕式描绘了丰富多彩的中国历史"。德国电视一台在8日全程实况转播了北京奥运会开幕式盛况。

电视台在有关评论中说:"这是一场"构思精巧、表演得完美无瑕、令人印象深刻"的奥运开幕式,滑过"鸟巢"中9万多名观众眼帘的是中国几千年的历史。绚烂多彩的图案、众多的象征意义和人们脸上绽放的幸福笑容。

乌拉圭蒙特卡洛电视台当地时间8日上午开始对北京奥运会开幕式进行实况转播。

电视台记者马里奥·乌贝迪在从北京"鸟巢"发回的现场报道中说:"北京奥运会开幕式精彩动人,气势恢弘,令人"难以置信"。开幕式表演中传递出和谐、祥和的气息,是奥林匹克精神的体现。

西班牙国家电视台8日一早即开始北京奥运会开幕倒计时,并全程转播开幕式实况。

电视台主持人赞叹开幕式场面非常精彩,完美地将中国传统文化和现代中国的风采结合在一起,展示在全世界观众面前。

第四节　他的故事

青涩童年

张艺谋的童年生活是青涩的,但是对于张艺谋来说,应该也有着许多感慨。

刚刚读初中的张艺谋交上女朋友了,这是他的初恋,而且这段初恋时至今日也是刻骨铭心的,因为不仅真正地成为了一段婚姻并且有了结晶,更多的是那份清纯的感觉实在无法忘怀。

说起来其貌不扬又出身不好的张艺谋如何吸引女孩子呢?大家都会这么问。

画画和读小说成为了让女孩子注目的法宝,面对一个多才多艺、出口成章的男孩子,那个时代的女孩子谁不愿意多看两眼呢?因为画画,老师

让他去出黑板报。

在我们的童年，出黑板报代表着荣誉，代表着信任，当每次黑板报出来的时候，都会使他成为班级里面的焦点。

另外，因为大量的阅读，让知识和见识在当时信息不发达的学校里，俨然成为了吸引女孩子的又一法

> **张艺谋语录**
>
> 因为我热爱这个工作，我就不知疲惫的愿意工作，因为我热爱它，不是为名，不是为利。我并没有发现自己有什么天才的因素。我在我们同代人身上还没有真正发现什么人是天才：他的创造性远远领先于我们，让我们所有的人震惊和折服，带动了一个时代。

宝。即使现在，有内涵的男孩子还是受到女孩子喜欢的，所谓"腹有诗书气自华"。

与肖华恋情

张艺谋初中的女朋友就是肖华，也是他日后的妻子。由于家庭背景及长期生活在北京的缘故，当时的肖华无论在感觉上还是知识上，都不输于张艺谋。

都16岁的他们，互相欣赏，互相喜欢，默默地追逐着属于自己的幸福。每个人都曾经年轻过，都曾经有过自己的少年恋人。

那个年代的张艺谋和肖华是幸福的，然而接下来的文化大革命，让整个中国变得疯狂了。

还没有弄明白的张艺谋和肖华，被迫离开了熟悉的学校，离开了熟悉的家庭，来到了广阔无边的农村。

新的变化，新的环境，不知所措的张艺谋和肖华，感觉自己也要改变什么，因为谁也不知道接下来会发生什么。

张艺谋与肖华爱情始于这次去农村"插队"时，在"插队"三年的时间里，张艺谋为肖华"烧水洗头"同住一个窑洞，时间长了，日子久了，张艺谋与肖华谁也舍不得谁，摆在他们面前的问题也出现了，怎么才能得到大人的支持与同意，成了张艺谋和肖华急需解决的问题。

"插队"生涯结束后，肖华与张艺谋分配到了两个不同的厂子里，相隔很远，对于一对初恋恋人来说现实实在是有点残酷，不过肖华对张艺谋的执著，对张艺谋刻骨铭心的爱，不管有多难，她都没有放在眼里，去给张艺谋洗衣服，去给张艺谋下面条吃。

有一次张艺谋发高烧去了西安的医院就诊，肖华知道了毫不犹豫地去医院照顾张艺谋直至他病情好转。他们之间的爱情除了肖华拼命的努力外，张艺谋也相当珍惜，由于各方面都很出色，张艺谋也得到了很多朋友的关爱，大家纷纷给张艺谋介绍对象，不过肖华对自己那么的好，张艺谋拒绝了别人的好意。

1978年张艺谋和肖华领取了结婚证。1983年女儿张末出生。

1988年张艺谋与肖华离婚。此后张艺谋一直在经济上资助肖华和共同抚养孩子，肖华从西影厂下岗很多年。张艺谋在朋友聚会上常常提起肖华，并说肖华为人忠厚老实。

张艺谋还特别怀念当初在农村插队的日子，并多次称，等年老干不动了，就回到那个"村庄"去养老。据悉，这个"村庄"正是张艺谋和肖华热恋的地方。

胶鞋故事

当年拍摄《黄土地》时，张艺谋还只是个摄影师，衣着极其简单，拍戏两个月，就穿一双军用胶鞋。这双胶鞋为他跑

前跑后，忙前忙后，为拍出好片子立下了汗马功劳。

　　当拍完最后一组镜头后，张艺谋和陈凯歌等人急欲回北京冲洗，他们从早上7时出发，天黑了才走入山西地界，当时山西全境修公路，他们的车走走停停，午夜时分，天降大雨，走不通了，他们只有掉头直取太原。掉头后，前面公路好走多了。在眼看大功告成之际，张艺谋急令停车，见他下车脱下那双陪着他拍片的胶鞋，恭恭敬敬地摆在公路中央，口中念念有词："兄弟，你跟我不易呀，现在戏拍完了，我要感谢你，我把你留在这里了。"

　　这可不是偶然的作秀，曾担任《十面埋伏》武打替身演员的成都英雄特技队队长丁涛也看到过这一幕。在拍《十面埋伏》时，张艺谋在片场总穿球鞋，丁涛说："拍张艺谋的戏最大特点就是累，张艺谋累，他身边的人也累。每次在片场我都看见他忙忙碌碌，紧锁眉头和工作人员不断地交流。那时他好像身体不太好，随身带了一堆药。但每次有人劝他休息，他总是摇头。"当片子好不容易拍完后，张艺谋也举行了一个向自己鞋子的道别仪式:向那双旧球鞋鞠躬告别！

　　一双鞋，包含着各种艰辛磨难，见证了脚下的路，承载了张艺谋走过的风风雨雨。张艺谋对鞋鞠躬，既是对自己努力的尊重，也是对生活的感恩。